🏠 Invest in ASEAN

東協購屋指南

掌握趨勢，賺十年

華人知識經濟教父
黃禎祥 / 著

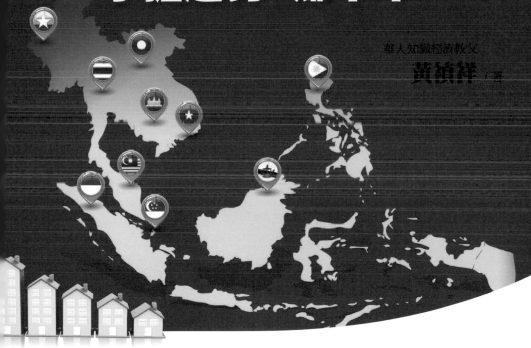

為什麼有人投資房地產的當下就**賺錢**，有人卻**套牢**十多年？你想當**哪一種**？

你知道**有錢人**投資房地產時，做了**哪些功課**嗎？

你想知道**全球前100強**企業在哪裡**投資房地產**嗎？

如果你錯過了信義區的投資機會，

你還要再錯過一次嗎？

⌂ 推薦序 / 1

謙卑與堅強

有錢，讓我們學謙卑；沒錢，讓我們學堅強。

台灣房地產界早期渾沌不明，禎祥是少數在那個時代中打拼過，直到現在仍熱愛房地產的人之一。

禎祥經歷了因投資房地產有錢的階段，也經歷過沒錢的階段。他從中學到了堅強，也學到了謙卑。

禎祥現在正處在事業的高峰，本人相信這是從許多挫敗中所學來的。

據禎祥所述，他年輕時剛接觸房地產時，曾經看過本人的書，對他幫助很大。

這也是本人不斷在大日出版社開辦不動產相關課程的原因之一。本人相信透由文字與教學，能讓許多渴望了解房地產的人，無論男女老少都能受惠。

禎祥的新書是他投資房地產三十多年來的心血結晶，讀者們一定可以從中學到很多智慧。

——房地產教父 曾文龍

跟緊前輩

我跟黃禎祥老師認識是一種機緣，也很開心跟黃老師有好幾次面對面的交流。

在交流中，我可以從他身上感受到一位房地產前輩那種謙卑、謙虛、不斷學習的精神，也可以感受到他對這個行業的鍾情與念念不忘，更重要的是他很樂意跟人分享他的知識與經驗。

黃老師這一生看著房地產界的興衰起落，以及那種親自參與其中的心路歷程，讓他出版了這本《東協購屋指南——掌握趨勢，賺十年》。

我是用一種房地產界晚輩、學生的身分，向大家推薦這本書的。

我也建議，凡是不動產相關的同業，不管有沒有想要經營海外的事業，這本書都可以作為你歸零學習的工具書。

為什麼呢？

因為這本書是黃老師親自用雙腳、用旅遊的心情，以及用房地產前輩投資的角度來寫成的。

書中提供非常客觀、務實的投資智慧，用許多圖文、數據與世界觀來跟讀者分享他的分析經驗，希望能替投資人的口袋把關。

　　本書最重要就是「時間差」的概念，從這點就可以看出黃老師的觀點異於常人，這就是贏家的思維！眼光要遠！格局要大！

　　而且更重要的是：心動要馬上行動！因為房地產的買家只有一個！

　　我是用房地產後輩的心情，來跟廣大的不動產先進、同好或是消費者來分享本書。這本書值得您當作海外投資的一個跳板。

　　更重要的是，各位看完書以後，一定要與黃老師接觸，最好能跟他去東協考察，因為只有跟在大師的身邊學習，才是進步速度最快的！

　　我們預計在 7 月 11 日合辦一場房地產論壇「暢談國內外房地產」有興趣的朋友不妨到黃禎祥老師的「每日成資」留下連絡方式吧！

——《馬到成功生活行銷有限公司》執行長、

房仲金牌教練 馬先右 老師

探索而來的知識

很開心能幫禎祥寫推薦序。

自接任中華知識經濟協會理事長以來，我們協會陸續舉辦「小太陽生活營」、「綠色產業論壇」、「微電影知識講座」及各種知識性講座，努力為社會貢獻一己之力。

禎祥是我們中華知識經濟協會的理事之一，如果要論起把「知識」變成「經濟」的能力，那禎祥在這方面可說是極有經驗。

更難能可貴的是，禎祥一直在把自己的「知識」轉化成學生的「知識」，並協助學生把學到的「知識」轉化成學生自己的「經濟」。

我這輩子一直在追求、探索、收集「好」的知識，拒絕「不好」的知識，我把「好」的知識收集在中華知識經濟協會中，期許協會更加茁壯，培育更多優秀人才；禎祥也在做同樣的事，他一直強調：一定要跟對好的老師。跟到不好的老師，就會學錯東西，不如不學！

關於這點我們是不謀而合──「不好」的知識，真的是一種禍根。

管理講究實踐，而知識是探索而來的。禎祥的經驗豐富，從房地產銷售、投資、破產、歸零學習、代理連鎖生意、直銷、

旅遊、教育訓練、演講，最後再回到房地產本行。

他不斷探索更新的領域、更高的層次，不斷用不同的眼光去看世界、也不斷實踐，這是很值得年輕人效法的。

禎祥的新書《東協購屋指南——掌握趨勢，賺十年》是一本值得翻上十年的好書，理由在於禎祥投資房地產時，也是用十年以上的視野來看待的。

我相信本書一定能拓展讀者的視野，用更高的格局來看待房地產！

很高興能跟禎祥攜手，為提升台灣的知識經濟水平，一起打拼！

——中華知識經濟協會理事長 洪明洲 教授

跟著大師一起掌握趨勢

　　暗夜，在陽明山腰望向台北，那一幅萬家燈火，多美麗的夜景，只是感嘆不知道哪家的燈火，是自己點亮的。

　　羨慕，別人家住豪宅，我怎住「好窄」；別人家 91 坪，我家 19 坪；別人家房間多到掃完一趟半月餘，我家大掃除，才蹲下不是撞頭就碰屁。

　　成功，不是有錢人的專利；禎祥——來自屏東的鄉下孩子，照理說沒有成功的條件，他腳不良於行，他沒有富爸爸，他沒有高學歷……。

　　果然，失敗伴隨著他好幾次。他有業績掛蛋吃白飯經歷；他有眾叛親離、一窮二白經驗；他有失敗、破產紀錄。

　　如果，禎祥屈服於失敗，就沒有今天可以述說成功的謳歌；如果，禎祥不肯突破和改變，就沒有今天東山再起，翱翔天際的自由；如果，禎祥續留鄉間舒適圈，就沒有大師為伴，共享成功經驗。

　　處在地球成為「村」的世代，眼光和格局是與成功者匹配，《東協購屋指南——掌握趨勢，賺十年》正可以帶領讀者從「好窄」晉升為豪宅格局；從點燭到綻放煙火，點亮燈火萬家。

　　我親眼看過禎祥在失敗火堆中，奪彩衣炫耀而出，要成

功就要向成功者學習,是學習他經歷失敗不倒的成功經驗。

　　不要在五里霧中摸索,跟著大師一起掌握趨勢,必然亨通東協,賺十年,夠了。

　　　　　──非營利組織達人／前橄欖基金會　董事長　尹可名 顧問

推薦序 / 5

出路、出路，出去走走就有路

認識禎祥也有段時間了，也合辦過不少講座。

我自己也有投資一些些房地產，不過要說到房地產真正的高手，還是要向禎祥多多請教。

我最佩服禎祥的，不是他在房地產方面的獨到見解，而是那種在逆境中依然堅忍不拔的堅毅精神，以及在高獲利、高風險的房地產領域中的情緒掌控。

禎祥不止一次提及，想把房地產與旅遊結合在一起，他說這是一種全新的生活形式，剛好與我已出版的著作《我心環遊世界》想表達的意境一致。

旅遊讓禎祥看到了「趨勢的時間差」，我也在旅遊中體悟甚多；如果你曾經造訪某個國家，你就很容易去關切那個國家的文化與近況。

「路可以走多遠，看你跟誰一起走！」

讓我們多多走出去，當個地球人吧！我鼓勵大家多去旅行，也多和見多識廣的前輩接觸，一定能提高各位讀者的境界！最好，能跟在大師身邊學習！

——台灣暢銷書作家 戴晨志

掌握趨勢

　　我的工作通常是在星巴克喝著咖啡，用一台 Notebook 上網就可以讓客戶自動找上你，並且把產品賣出去帶來收入。

　　這是現在大家最羨慕的網路行業。但有時我們也會思考如何倍增財富的問題，畢竟多幾條可以創造被動收入的路，總是可以讓自己更有安全感，快點達成夢想！對於市面上的多種金融投資碰過，卻因為慘跌，就再也不敢碰了。而房產是我最感興趣的一塊，但我深知目前的房產投資環境投資需要極具長遠眼光、遠見的人才有致勝機會。

　　近期我一直為團隊管理問題，四處尋找管理高手學習秘方，你千萬別以為我們透過網路創業的人只要靠一台電腦就搞定，實際上你所聽到的都是網路創業初期所發生的事，一旦你的營業規模擴大後，即將面臨的技術、客服可是會把你搞瘋。我就這樣過著幾年人事管理困擾的生活。

　　直到有天朋友邀請我去聽黃禎祥老師的講座，黃老師講的是如何透過趨勢、管理、財務槓桿讓你的事業變成一個自動化系統，最後透過房產不斷倍增你的財富，過著富足的人生。當下我聽到、也預見到我的未來，在兩個小時不到的時間，我就立刻被成交了！

　　上課的過程如你在本書所學習到的，所有的事情都是關

於掌握趨勢。記得有次做「wwdb642」的團隊訓練時，對手投了一顆壞球過來，當時隊員每個都全力以赴，因為我們不想放過任何一個可以贏的機會。在我們回擊後，黃老師立刻吹起哨子，集合大家，他說：對方出的是壞球，你何必去接它！這讓我立刻想起了許多電視上剛發生的選舉例子，也瞬間讓我聯想到團隊管理，甚至是面對商業競爭對手的出招該如何應對進退。

相信讀完這本書後，你不僅可以學到投資房產的技巧，還可以學到黃老師的人生智慧，如同我獲得領悟一樣，收穫滿滿！

——網站集客創辦人 / 神影行銷 邱閔渝 Marc

財富大趨勢

　　與黃禎祥老師結緣是在一場「財富大未來」講座。

　　有別市場上一般銷售型或教學型講座，黃老師的講座顯得生動有趣得多了。在不到兩小時的時間裡，黃老師帶著我們一起走過他人生中遭遇過的起起伏伏，讓我們看到了趨勢輪替，也見證了台灣地產的興衰。

　　「觀念若通，滿面春風；觀念不通，口袋會空空。」、「發現客戶、人脈、貴人……的需求，滿足他，你的未來就會所向無敵。」、「要創造自己被利用、被需要的價值。」、「慎選夥伴，你要成為什麼樣的人，就跟什麼樣的朋友在一起。」

　　黃老師說的不是一個一個的教條，而是分享這些體驗是如何為他的人生帶來希望和轉變的小故事。這是很精彩的一堂講座！

　　幾個月後，黃老師出現在我們的微信講座上，聽了兩小時的講座後，又參加了一天的微信課程。其後，又將我們的課程和服務推薦給一些企業，甚至讓我們有機會到馬來西亞去辦微信講座，大大提升我的業績。這更讓我佩服這個熱愛學習、善於整合資源，喜歡幫助和結交朋友的黃老師，也非常感謝他！

　　這幾年，隨著東協的快速發展，當地的房地產正在蓬勃

發展，許多海外人士也紛紛進入當地投資房產。不過，「資訊的落差就是財富的落差」，很多時候，我們所接收到的訊息並不是正確或即時的。

黃禎祥老師在房地產投資領域已經有 35 年的經驗，加上這幾年在新、馬置產，對東協地產的觀察遠比一般人敏銳和深入。

相信這本書的出現將造福許許多多想在東協置產的投資朋友們，一起抓住這波財富大趨勢。

——創盈整合營銷執行長 / 網路行銷部落客 *江宜璋*

🏠 推薦序 /8

有錢人的最後一部曲

　　我們來自各行各業，有些夥伴是老師、醫師、科技人或中小企業主，因為認同黃禎祥老師的「麥當勞致富計畫」，知道要成為有錢人的最後一部曲：房地產，必須建立資訊、人脈、資金等各方面的優勢，更重要的是跟對人，並掌握趨勢！

　　一開始我們也不懂得富人的思考方式，不知道如何讓資產越滾越多。黃老師在公開或私下聚會，都不吝分享有錢人是如何思考、看到趨勢、如何藉由趨勢的「時間差」賺大錢。

　　房地產上漲的趨勢，已從亞洲四小龍轉移到東協各國。現在東協黃金十年，就是最棒的投資倍增期。

　　很幸運地，我們這群在吉隆坡買房當鄰居的朋友，因為年紀相仿、理念契合，自然而然組成愛買屋投資團隊，希望傳承老師認真、正直的投資精神，替大家在房地產把關，藉由不斷篩選、精挑出值得投資的案件，替有緣跟我們一起投資東協房地產的朋友創造安全、豐碩的投資成果。

　　感謝禎祥老師，感謝愛買屋團隊的房地產教練！將指導我們的房地產投資精髓，寫成這本淺顯易懂、內容豐富的《東協購屋指南》，讓有志了解東協房地產的讀者擺脫資訊不足、知識落差的劣勢，建立起投資海外房地產的知識優勢。

——玩賺東協愛買屋

🏠 自序

生命是一段探索美好事物的旅程

嗨，各位舊雨新知，大家好！我是黃禎祥，你可以叫我
Aaron Huang。我是嘉義出生、屏東鄉下長大的放牛班小孩。

如果讓我回到過去，告訴童年的自己：「有一天，你會
有機會站上國際的舞台，與世界大師同台。」童年的我一定
不會相信，因為當時我的大腦從來沒有這些經驗。

但生命就是一段探索美好事物的旅程，我探索過業績掛
零每天只能吃白飯，也探索過二十年前月入百萬的成就感、
更探索過事業失敗、破產、眾叛親離、人生歸零低谷，但回
頭來看，所有的事物都是美好的。

因為這些失敗的經歷，讓我把自己倒空，有機會重新向
每個領域的頂尖人物學習，並且與他們一起合作。失敗後我
用短短三年東山再起，並與世界行銷之神——傑·亞布罕、
博恩·崔西、布萊爾·辛格、羅伯特·艾倫、哈福·艾克等
世界知名大師一起辦過活動。

一個放牛班的鄉下窮小孩，怎麼會有這麼大的突破和改
變？回顧自己的人生，我發現自己是誤打誤撞地做對了某些
事。

當我 35 歲破產時，我在美國的老師們用他們的人生故
事激勵我，我也希望我過往的經歷和我的故事可以分享給一
些人，你可以在《當富拉克遇見海賊王——草帽中的財富密

碼》中讀到這些故事，我期待這些
故事可以協助到你。

《草帽中的財富密碼》資料來源：作者

不過本書要談的是房地產。儘
管我開過連鎖店、做過直銷、辦過
教育訓練，但真正讓我賺到最多錢
的，都是從房地產而來。

我從台北大安區、到美國舊金
山、香港、新加坡濱海灣、台北信
義區、到馬來西亞吉隆坡，每個案子都讓我賺到許多財富。

如果你親自走過台北房地產，從三十幾年前的一坪七萬，
到現在的一坪三百多萬，看過許多人在這個產業致富翻身，
並且也賺過房地產的大錢，我想你也很難不對房地產生興
趣！

但在賺錢的另一面，我同時也看過很多人虧錢，過去的
我自己就是其中之一。房地產對我來說，真的是一個改變我
一生的行業。

但是如果我沒有因為破產流浪到美國、沒有玩遍 20 多
個國家、200 多個城市，我也不會看到整個世界趨勢與經濟
的流向，我也不會懂什麼是「真正的」房地產！

我鼓勵各位，多出去走走看看，多用不一樣的角度看世
界，你會看到一個美好的嶄新世界！

當你遇到人生谷底，只要有人在背後不離不棄，這個世
界就如此美好！所以我要感謝我的團隊，如果我沒有這群好
伙伴無條件支持我，我不會走到今天！謝謝我的靈魂伴侶草
大麥，在東協四處奔波，為我提供的資訊把關，收集各種情

報；謝謝我的文膽硯峰，對我的任務和團隊，無怨無悔地付出；謝謝 Robert Allen，相信我的品性，認同我的績效；謝謝所有幫我寫推薦序的前輩、朋友和學生，願意和我一起旅行在東協黃金十年中；謝謝采舍的王董、歐總和蔡主編，答應我們所有任性的要求；謝謝所有幕後的助理們，只有遇到挑戰，你才知道哪些人會挺你到最後！沒有這些人，這本書是不會誕生的！

　　現在，讓我們開始這趟旅行吧！

黃禎祥

CONTENTS 目錄

Chapter 1 為什麼會有財富的落差？

Chapter 2 那個經濟起飛的年代能教我們什麼？

Chapter 3 東協房地產黃金十年大解密

Chapter 4 大吉隆坡計畫

Chapter 5 深入了解馬來西亞房地產的十個理由

1

為什麼會有
財富的落差？

"牛頓說，我看得比別人多一點，因為我站在巨人肩膀上看世界，站在別人的肩膀沒什麼不對。"

——華倫‧巴菲特

　　Wal-Mart的創辦人——山姆‧威頓（Sam Walton）是真實存在的人，亞洲首富李嘉誠先生也一樣，他們不是童話故事的角色，並且都是白手起家的創業家。我們都一樣是平凡人，為什麼他們的績效與我們相比，好這麼多？

　　世界上卓越的企業家、投資者：還有麥當勞之父——雷‧克羅克（Ray Kroc）、石油鉅子——洛克菲勒、台塑集團創辦人——王永慶、蘋果創辦人——賈伯斯，到Uniqlo的柳井正、軟體教父——孫正義、阿里巴巴的馬雲、騰訊的馬化騰、星巴克CEO——霍華‧舒茲（Howard Schultz）、特斯拉汽車——馬斯克（Elon Musk）等，這些都是真實存在的人物，他們一個決策，就影響無數人的生計。

　　你是否曾經思考過：這些人為什麼可以受人尊敬、幫助很多人、賺很多錢、影響無數人呢？

　　當然，比爾‧蓋茲（Bill Gates）和華倫‧巴菲特（Warren E. Buffett）家庭背景富裕，所以有富爸爸、富媽媽也是很重要的！但更多的富豪在一開始並沒有這麼好的條件，和你我一樣都是普通人。

　　這些億萬富豪有這樣的績效、或是非常成功，你覺得是

跟性別有關嗎？歐普拉是《百大最具影響力人士》中上榜次數最多的人，那跟學歷有關係嗎？比爾‧蓋茲哈佛沒畢業，王永慶更是只有小學學歷，他們的健康與財富遠遠超越高學歷的許多人；那麼是跟體重、跟身高有關係嗎？還是跟年齡有關？創辦臉書的祖克柏（Mark Zuckerberg）是1984年生的，本書出版時他才31歲，身價已經有352億美元。

我之所以提到這些頂尖富豪，是因為他們有一個「共同點」，就是他們都抓住了國與國、城市與城市、城鄉與城鄉之間的「時間差」！只要掌握了「時間差」，你就有機會能比較輕鬆賺進大筆財富！

我把「時間差」用在直銷、用在建立連鎖系統、用在籌辦教育訓練課程，都有一定的績效，更重要的是，我靠著這個「時間差」在房地產賺進許多財富！我原本是一個默默無名的鄉下長大孩子都能做得到，相信各位讀者也一定可以！

STAGE 1-1 麥當勞致富計畫

我們攤開歷史上的成功創業家與富豪們，他們能賺進大把財富，其實不出一個完整建構財富的公式，運用這個公式最經典的代表，就是速食業龍頭——麥當勞，因此我們暱稱這套計畫，叫做「麥當勞致富計畫」。

麥當勞是由麥當勞兄弟於1940年在聖貝納迪諾創立，由於掌握到戰後嬰兒潮進入青少年的趨勢，麥當勞很快成為鎮上年輕人聚集的餐廳。

之後，兩兄弟將麥當勞經營權賣斷給雷・克羅克，雷・克羅克用嚴格的品質與衛生標準，建立一套系統收取權利金，快速地擴展分店，並於1965年以22.5元股票上市。此外，麥當勞亦成立另一間連鎖地產公司，大賺房地產的錢。

麥當勞之父雷・克羅克曾經說：「麥當勞真正的生意是房地產。」

麥當勞除了賣特許經營權收取加盟金外，亦會買地自建店面，再將店面租給加盟商，當房東賺錢；另一種模式則是與地主談好20年的長約，並且20年內保持租金不變動，然後加價20%租給加盟商，當二房東賺錢，並且租金會視市場狀況有所調漲；此外，麥當勞建立的商圈生態系，帶來人潮，

也間接影響房價。

從麥當勞的例子，我們看到的是一個完美的致富公式：

提供趨勢性商品創造現金流→股票上市籌措資金（金融衍生性商品）→房產收益

同樣的模式除了麥當勞在做以外，家樂福也是類似的作法。而台灣近期最著名的代表就是頂新集團，先賣泡麵創造大量收入，接著股票上市換取資金，並且發行海外存託憑證，接著將現金大量投入房地產。只是頂新的產品備受爭議。企業若違反商德，不顧人眾健康，是非常不足取的！所以為什麼我們第一本有關管理、行銷的書要專門寫 integrity！

《富爸爸、窮爸爸》作者羅伯特・清崎在其著作中，將收人模式大抵分為四類：E（上班族）、S（自雇人士）、B（生意系統創立者）、I（投資者），而某些當上班族能拿到高收入的人，也不出以下這個公式。

薪資收入（現金）→就職公司配給股權或股票分紅（金融衍生性商品）→房產收益

如果上班族少了股票分紅，那麼單靠薪水，是很難進入有錢人的快車道——房地產的。

因此，如果你是新手，在進入房地產之前，你最應該考慮的是你的現金流來源。無論你是上班族還是想創業，**如何有穩定並且大量的現金流，是你應該思考的課題**。而獲取現金流的方法或產品，請一定要遵守「利益他人、創造價值」

的原則，如此，你的房地產之路才會走得長久。

　　我想要分享給大家的不是瘋狂炒房，是一個平安喜樂的財富，因為房地產最終都會回到「供給」與「需求」的天秤上。

　　當你建立一個能與房地產領域結合的事業，並且順便投資房地產，你的風險將會小很多。炒房或許能讓你在房地產短暫而快速的獲利，但是你可能走不久，因為這個世界上有一個法則，叫做「Precession」，也叫做「邊際效應」。

　　「Precession」指的是，當你投資的目的只是為了自己賺錢，不管接手的人的死活，你的錢可能會從另一個地方流走；但當你專注在提升這個市場的價值，那麼你將會獲得更大的財富。（各位讀者在《當富拉克遇見海賊王——草帽中的財富密碼》可以了解更多「Precession」的秘密。）

　　會讓我賺錢的房子，都是因為我想要幫對方解決問題。有個案例，是我剛回到台灣時，一位即將離婚的小姐想把房子賣給我。她想要有較多的現金可以運用，所以需要賣房子。當時的我原本可以多殺一點價，但想想還是算了，就接受她開的價格。5年後這間房子讓我獲得了不可思議的報酬。

　　你永遠不會知道，當你抱持著協助別人的心情時，你會獲得什麼樣的財富。這個態度在做生意時適用，在投資房地產的時候，也同樣適用。「在這個遊戲裡的每個人都能賺錢」，這才是你值得投資的房地產。

　　「時間差」賺的不只是資訊不對稱的錢，還有知識、能

力、技術、科技、認知、經驗、資源、地理、流行文化、趨勢、需求等等的不對稱。「時間差」是一種全面、廣泛、且無法消除獨特現象。

讓我們談談最近在世界各地都知名的創業家——馬雲先生。馬雲原本是位教英文的老師，因到美國與澳洲旅行，發現了西方國家正風靡網際網路，他便把網際網路的概念帶回中國，成為中國互聯網時代的先驅，創立了中國黃頁，最後這個概念變成了阿里巴巴，在股票上市後，自己與核心夥伴成為超級富豪。

「時間差」的另一個例子，是先前提到的麥當勞。如果麥當勞在美國做得很成功，此時，你去向總部談麥當勞的台灣總代理，你是不是也有機會用同樣的模式賺大錢？又例如星巴克在歐美做得很好，如果十幾年前你找到星巴克，拿到台灣代理權，那麼你也能夠賺到錢，不是嗎？

簡單來說，「時間差」就是把在A地做得很成功的事，拿到B地再做一次。

「時間差」可以運用在各個領域，你可以用在你喜歡與擅長的領域。

錢是會跑的，會跟著趨勢跑，當一個國家、一個城市的房價漲完，就會輪到下一個國家。就像流行的趨勢一樣，西方國家流行完了，就會把這股趨勢帶到亞洲各國。

STAGE 1-2 讀萬卷書，行萬里路

我是個很喜歡旅遊的人。

我曾經住過拉斯維加斯Bellagio總統套房；搭過MGM私人飛機；開過0到100加速4秒的超級跑車；到過充滿畢卡索真跡的餐廳用過餐；也走遍全世界最美的幾個渡假勝地……。

不過，我也破產過，曾經罹患胃潰瘍、十二指腸潰瘍，到美國舊金山金門大橋不是為了觀光，而是為了結束生命。

這些美好與不怎麼美好的體驗，讓我走過很多國家。我在這些旅程中看到了**城市的發展與變化，是有軌跡可循的。只要掌握了軌跡，就可以知道我們該在什麼時機進場！**

我是住商不動產的第一代店東，有35年的房地產經歷。還記得當時台北市信義區土地一坪最便宜的100元，乏人問津，不久該區有了建設之後，房價從一坪5萬、6萬、10萬到250萬……，現在是即使有錢也不一定買得到。

印象中在我小時候，有一位姨丈，他們幾個兄弟每每賺到錢就是買土地。在四十年前，沒有人要的土地，他們就拼命買；四十年後的現在，他們光是收租就有300萬以上的現金流。

我常常在想，為什麼這些人知道要買、懂得買，他們是如何看到未來五年、十年、甚至二十年？如果再次回到當年，我有那樣的勇氣進場嗎？

　　若錯過了台北市信義區與東區房價的漲幅，也錯過了中國大城市的漲幅，或許我們應該仔細研究一下，下一波，錢會往哪裡去？

　　我在經營房地產的這35年間，來往舊金山、洛杉磯、漢城、台北、香港、新加坡，發現一個很有趣的現象：通常在美國漲了之後，就會輪到亞洲四小龍開始漲。

　　以許多資訊面來看，東協十國中，從過往到本書出版（2015年6月）的這段期間，最先進的國家就是新加坡了。我個人就是在新加坡翻身退休，並且從破產再度靠房地產賺回來的。

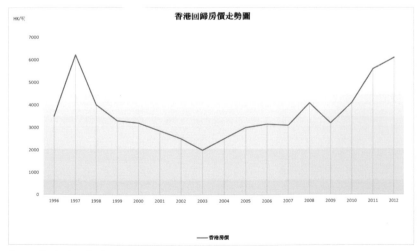

表1-1☖香港回歸房價走勢圖

　　當時會選擇在新加坡東山再起，是因為我在美國學習的期間，看到美國舊金山房地產狂飆，再看到香港1997年7月回歸中國時，房地產跌了之後又狂飆的狀況，那時我才開始隱隱約約感受到什麼是「時間差」。

　　香港房價在1997年狂跌，是因為當時政權移交中國，人心惶惶，就像當年SARS肆虐一樣，好像有什麼世界末日要發生似的，人人急著低價拋售房地產。整個香港瀰漫著不信任與不安感，終於在2003年開始有了轉機，房價迅速回升，除了2008年金融海嘯又狂跌一陣子外，沒多久又扶搖直上。

　　當年我在新加坡創業，當地的新加坡人並不認為新加坡的房價會漲，很大的原因，是因為當時新加坡總理李光耀先生曾說：「感情和理智而言，我都反對開放賭場、炒房。」

　　李光耀的父親，因為好賭成性，曾經拿妻子的首飾去典當，搞得全家雞犬不寧，因此李光耀堅決反對新加坡開設賭場。

　　因為我看過美國與香港的房價與漲勢，所以判斷新加坡當時仍處於相對低檔，加上當時的亞洲四小龍中，香港漲了，韓國也漲了，剩下新加坡和台灣。我的經驗告訴我，新加坡房地產該是狂飆的時候了，於是我告訴新加坡的朋友「要開始投資房地產」。

　　當地的人都笑我傻，因為他們不認為房價會漲，於是我和幾個朋友只好自己投資。

　　2005年，政策大轉彎，李光耀發佈要興建賭場的消息，

並且一次還蓋兩個，於是，新加坡房地產在2005年狂飆，除了2008年金融海嘯期間戲劇性的下跌外，房價奔上雲霄，再也回不到原來的價格。

有趣的是，當房價已經上漲了，仍有人不相信房價會再漲；當房地產漲了1倍時，有人開始議論「都漲1倍了，還會往上漲嗎？」；當房地產漲2倍時，有的人高度懷疑「都漲2倍了，還會往上漲嗎？」。

我在2006年從新加坡房市退場，退場後新加坡的房價依然繼續往上飆。當局者迷，有時候當地的人反而忽略了自己的市場，因為那是我們的舒適區，我們不會特別觀察外在變化如何影響市場，視若無睹，這是一種人性。

2006年我回到台灣，由於政治因素，台灣相對於亞洲四小龍，房價是以很少的比率上漲。當時我也告訴台灣的學生「要開始買房地產」，他們也說「不會漲了啦！」、「信義區一坪已經四十萬很高了耶！」結果2006年到2014年，許多地區房價翻了至少三倍。

2014年，我因為要辦一場演講而來到馬來西亞，馬來西亞在過去三年，雖然也經歷了一些上漲，但是在我研究完東協各國的背景與資料才發現，其實東協房地產，才剛剛要開始進入黃金十年。

走過世界各國，你會發現世界的趨勢是有一些軌跡的，國與國之間不會完全一樣，但是，會有一些線索可以讓你發掘巨大的財富。

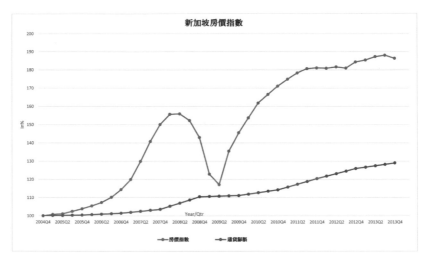

表1-2　2004～2013新加坡房價走勢圖

STAGE 1-3 全世界的焦點：東協諸國

「東協」是集合東南亞區域國家的一個政府性國際組織。最初是由印尼、馬來西亞、菲律賓、新加坡及泰國五個創始會員國成立，其後又加入了越南、寮國、緬甸、柬埔寨等國。

主要目的為：（1）加速該地區的經濟成長、社會進步與文化發展；（2）在持續尊重該地區各國家的法律規範，以及固守聯合國憲章的原則下，促進該區域的和平與穩定。

台灣的房地產市場在經歷政府打房，房仲業者面臨寒冬，紛紛轉進東協各國。但是，我們自己深入發現，台灣投資東協的房產市場，一片混亂。

有的房仲用便宜的價格取得地產，加兩倍價格賣給台灣人，運用市場資訊的不對稱，賺大錢；有的只是為了要賺取佣金，並未將完整的東協地產現況讓投資人知道；更甚者，還把旁邊是公墓的建案，以一坪80萬的價格賣給投資人。

這也是我們要出此書的原因，讓大家能夠更了解東南亞的資訊，一方面則是希望更多人能夠了解如何在一個新的市場做評估與判斷，更重要的是，學會如何挑到好案子！

我自己投資的習慣是，進入一個市場，會先看「首都」。

試想，如果台北和桃園的房價一樣，你會投資台北還桃

園？如果上海和青島的房價一樣，你會投資上海還是青島？你覺得如果房價要飆漲，你覺得是首都的機會大還是非首都的機會大？

當然現在來看台北和桃園，房價自然天差地遠，但其實三十多年前，台北和其他縣市的房價是差不多的，然而是漲幅就差很多了，而投資報酬率也差很多。

投資首都或許一開始成本比較高，但是風險相對較小，因為這回歸到基本面的供給和需求。首都的需求較大，當面臨經濟衰退時，風險相對其他區域，會少很多。

當然，就算是首都，也會分成許多區域，就像台北會分成萬華區、內湖區、大安區、信義區……，每個地區發展的情況都不同，因此需要自己去了解每一個國家、每一個地區的差異！

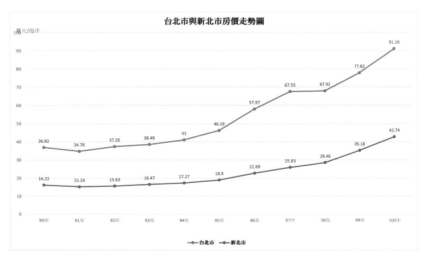

表1-3 台北市與新北市房價走勢

東協各國介紹				
國家	國家人口	首都	首都人口	人均所得（美元）
汶萊	40萬	斯里巴卡旺	10萬	31,800
柬埔寨	1431萬	金邊	200萬	820
印尼	2.4億	雅加達	1300萬	2,940
寮國	628萬	永珍	78萬	1,130
馬來西亞	2886萬	吉隆坡	780萬	8,770
緬甸	5913萬	奈比多	92萬	715
菲律賓	9485萬	馬尼拉	1000萬	2,210
新加坡	518萬	新加坡	518萬	42,930
泰國	6952萬	曼谷	1200萬	4,440
越南	8784萬	河內	300萬	1,270

表1-4 東協各國介紹

我們先挑重點國家來介紹：

新加坡

新加坡	
人口	518萬
計算房屋單位	平方尺
人均所得	42930美元
市中心每平方尺價格	約15000美金（換算台幣約每坪120萬）
租金收益	2.83%
租金價格回收率	35年
貸款利率	2%

表1-5 新加坡基本資料

新加坡人口518萬，人均所得42930美元。

新加坡購屋限制：外國人在新加坡可以買商業房產或私人公寓，但不能買HDB組屋、執行共管公寓與有地屋。

新加坡買賣手續：一般透過通過認證的房仲代理。

新加坡預售屋		
流程	款項	付款期限
1. 向開發商付訂金（簽訂房意向書）開發商將會優先把房子賣給買方	總房款的5%	訂房當日
2. 開發商向買方的代理律師交付買賣合約（正式的購買合約）		簽訂意向書的14天內
3. 買方簽訂合約，由代理律師交給開發商		開發商交付買賣合約三週內
4. 買方支付購房款項	總價的15%	付完訂金的八週內
5. 買家根據合約中的付款計畫付款		
備註： ※買方在簽訂正式買賣合約的14天內，向新加坡稅務局交付印花稅（總價3%扣掉5400新幣） ※若買方沒有在三週內簽訂買賣合約，則優先選購權將取消		

表1-6🏠新加坡預售屋流程（p.s.以上僅供參考，實際情形視當地法令。）

新加坡預售屋分期付款時間表（一般為三年）	
施工進度	**款項**
完成地基	10%
完成混凝土架構	10%
完成磚牆	5%
完成天花板	5%
完成門、窗、配管	5%
完成停車場、道路、公共區	5%
獲發佔用許可證	5%
法定完工證書	25%
獲得臨時佔用許可證後	5%
獲得法定完工證書後	8%
完全轉交權狀	2%

表1-7🏠新加坡預售屋分期付款款項（p.s.僅供參考，實際情形視當地法令。）

新加坡二手屋買賣流程		
流程	**款項**	**付款期限**
1. 向屋主付訂金，換取購房意向書	總房款的1%	當日
2. 申請銀行貸款和委託律師		買方簽購房選擇權之前
3. 買方簽訂購房選擇權與銀行貸款協議，並支付款項	總價的4%	收取購房意向書14天內
4. 買方支付餘額	總價的95%	買方簽署購房選擇權的10週左右

表1-8🏠新加坡二手屋買賣流程（p.s.以上僅供參考，實際情形視當地法令。）

買賣成本

買方印花稅：外國人印花稅為18%。

律師費：視房價而定，一般為幾百至幾千新幣。（二手屋雙方都需要付律師費，但若為新房，有時發展商會付）

買方附加印花稅：擁有房產者購買房屋時要繳附加印花稅。（請參考當地最新稅率）

賣方印花稅：詳見表1-9。

新加坡不動產持有時間	
不動產持有期間	**稅率**
＜1年	16%
1~2年	12%
2~3年	8%
3~4年	4%
4年以上	免課稅

表1-9 新加坡不動產持有時間之賣方印花稅（p.s.以上僅供參考，實際情形視當地法令。）

買賣佣金：賣方付房價的2%，買方無需給付。

產業稅：第一間自住房屋，享有4%的產業年市值，投資或出租房屋或第二間房以上，需繳交產業年市值的10%。

貸款：外國人第一間最高可貸款70%，第二間以上60%，視個人條件而定。

總結：新加坡房價已高，加上政府已訂出嚴厲的打房政策，以投資的角度來看，已過了最好的投資時間。

🖐 馬來西亞

馬來西亞	
人口	2886萬
計算房屋單位	平方英呎
人均所得	10020美元
市中心每平方英呎價格	約7500美金（換算台幣約每坪82萬）
租金收益	4.57%
租金價格回收率	22年
貸款利率	4.5~4.8

表1-10🏠馬來西亞基本資料

馬來西亞預售屋購買流程		
流程	款項	付款期限
1. 向開發商支付訂金（簽訂房意向書）開發商將會優先把房子賣給買方	每個開發商會有不一樣的訂金，一般來說為10%	訂房當日
2. 申請貸款		14天
3. 簽訂買賣合約	首付款一般為10%，扣除之前的預訂款額	簽訂買賣合約當天
4. 州政府核准		
5. 買方付購房款項		
6. 買家根據合約的付款計畫付款		
備註：從提出申請到州政府批准，大約需要2～3個月時間		

表1-11🏠馬來西亞預售屋流程（p.s.僅供參考，實際情形視當地法令。）

馬來西亞預售屋分期付款款項	
施工進度	款項
簽訂買賣合約	10%
完成建物地下工程	10%
完成產業結構工程	15%
完成牆壁、門窗	10%
完成屋頂與配管	10%
完成牆壁	10%
排屋工程	5%
建物溝渠	5%
建物道路	5%
購買者可銜接水電與空屋佔用權	12.5%
收到地段劃分通知書	2.5%
分別在收到空屋佔用權後的8個月與24個月,各支付2.5%	5%

表1-12☆馬來西亞預售屋分期付款款項(p.s.以上僅供參考,實際情形視當地法令。)

馬來西亞購買成屋		
流程	款項	付款期限
1.簽約付訂金	總價2%	訂房當日
2.申請貸款		14天
3.簽訂買賣合約	首付款10%扣除訂金2%	簽訂買賣合約當天

流程	款項	付款期限
4.州政府核准		
5.買方付購房款項		90天內
6.完成過戶手續		
交屋		
備註：從提出申請到州政府批准，大約需要2～3個月時間		

表1-13☆馬來西亞購買成屋流程（p.s.以上僅供參考，實際情形視當地法令。）

買方成本

律師費：視房價而定，一般為**房價的1%**。

買賣佣金：賣方付房價的2%，買方無需給付。

賣方成本

產業盈利稅（RPGT）：外國人五年內賣掉房子，獲利需繳交30%的稅，五年後為獲利的5%

貸款：目前依現行法規，外國人最高可貸款50%，實際成數視當時法令及個人條件而定。（若需提高貸款成數，請翻至P.228 MM2H第二家園計畫）

總結：

1.馬來西亞是亞洲退休天堂，因此政府開放第二家園計畫，抱持著開放的態度，讓外資進來投資。

2.馬來西亞政府規定外國人在吉隆坡只能買100萬令吉以上的房了，在雪蘭莪州要買200萬以上令吉，商業產業要買300萬令吉以上。（馬幣：台幣約10：1）

3.整體來說，馬來西亞政府的規定已在抑止短線炒房，讓市場回歸至較正常的水準。面對馬來西亞房產市場，不能以台北的角度去想，而是要以類似舊金山的概念，在首都旁邊還有許多衛星城市，每個衛星城市都有蛋黃區。

4.馬來西亞產業類別與台灣有極大的差異，必須親自考察，並且收集多方資料，由當地朋友帶領才能避免被仲介或建商的片面說詞誤導造成投資風險。

 泰國

泰國	
人口	6951萬
計算房屋單位	平方米
人均所得	4440美元
市中心每平方英呎價格	約3952美金（換算台幣約每坪40萬）
租金收益	5.13%
租金價格回收率	19年
貸款利率	6.5%

表1-14 泰國基本資料

泰國預售屋購買流程		
流程	**款項**	**付款期限**
1. 向開發商付訂金（簽訂房意向書），並將合約帶回審閱	一般來說為5萬泰銖	訂房當日
2. 合約無異議簽訂合約寄回副本，並支付頭期款	通常為總價的20%~30%	
3. 依照施工程序付款		
4. 交屋並支付尾款		

表1-15 泰國預售屋購買流程（p.s.僅供參考，實際情形視當地法令。）

買方成本

印花稅：0.5%

過戶費：總價的1%

所得稅：如下表所示

泰國買方所得稅	
收入	**稅金**
15萬泰銖以下	免稅
15萬～50萬泰銖	10%
50萬～100萬	20%
100萬～400萬	30%
400萬以上	37%

表1-16 泰國所得稅列表（p.s.以上僅供參考，實際情形視當地法令。）

🖐 賣方成本

過戶費：總價的1%

特種商業稅：3.3%，五年以上則免

印花稅：0.5%

律師費：0.5%

預扣稅款：1%

仲介費：2%～3%

貸款：泰國基本上不太允許外國人的房貸，即便允許，房貸利率亦高，因此建議仍是現金購買。

總結：泰國曼谷擁有便捷的交通，而其房價相對較低，但缺點是無法運用資金槓桿，因此房價並未出現驚人漲幅，但泰國仍是下一個可以觀察研究的標的，尤其東協各國重大建設皆與泰國有緊密關連，因此持續關注泰國房事與政治動向，選擇最適當的切入點，是投資東協的基本功。

柬埔寨

柬埔寨	
人口	1431萬
計算房屋單位	平方米
人均所得	820美元
市中心每平方英呎價格	2931約美金（換算台幣約每坪27萬）
租金收益	7.5%
租金價格回收率	19年
貸款利率	8~10%

表1-17 柬埔寨基本資料

柬埔寨預售屋購屋流程		
流程	款項	付款期限
1. 向開發商付訂金（簽訂房意向書），並將合約帶回審閱	2000美金	訂房當日
2. 開戶		
3. 簽約	總價25%	14天內
4. 工程款分五期繳交		約2.5~3年
備註：		

表1-18 柬埔寨預售屋購屋流程（p.s.僅供參考，實際情形視當地法令。）

買賣成本

稅金：4%交易稅與1000美元行政管理費，其他並無奢

侈稅、遺產稅、贈與稅、地價稅、印花稅、資本利得稅。

　　貸款：柬埔寨貸款成本高達8%～10%，最高可貸50~60%，由於總價不高，因此建議現金購買。

　　總結：柬埔寨正迅速的引進外資與發展，光台灣就有六家銀行進駐，其用美金計價的獨特性，與其他東南亞國家相比，較能避免匯兌起伏的損失，是個值得關注的市場。

　　前文提及，我想帶更多人走一遍麥當勞致富計畫，與其讓想翻身的人自行摸索、碰壁、成長，不如我親自指導一遍。至於如何找到我，讓我分享麥當勞計畫實戰經驗？跟我的團隊接觸吧：（獲得「每日成資」，請見P.226）

　　本章節最後，我想簡單分享一些東協的資訊，作為各位讀者投資東協國家的參考依據。

錢進東協大趨勢	
人口成長	預計在2020年成長10%（至六億九千萬）
GDP成長	1980～2013年比全球平均成長快2%
吸引外資	東協在2013年吸引9%外國直接投資
人力	預計在2030年東協勞動力預計將成長7000萬人
國際貿易	相當於全球第四大出口國，2013年占全球出口7%
中產階級家庭	2018年將取得雙倍成長（至八千萬戶）

表1-19　錢進東協大趨勢

緬甸	
加入東協時間	1997年
2013年GDP	56,408（單位：10億美元）
2013年GDP成長率	7.7%
2013年人口	64,932（單位：百萬）
該國房市規則	・禁止外國人直接購買或擁有房產，只能通過房地產投資公司間接購買。 ・外國人不得擁有土地，但可以租用土地，租賃契約最長期限達50年，可延期2次，每次10年。

表1-20 ⌂緬甸房市規則

泰國	
加入東協時間	1967年
2013年GDP	387,156（單位：10億美元）
2013年GDP成長率	4.5%
2013年人口	68,229（單位：百萬）
該國房市規則	・外國人不可購買土地。 ・外國人可以購買一個永久地契項目中不超過49%公寓單位，一旦逾越，將轉為30年有限地契。 ・未持永久居留證的外國人，若購買公寓需從境外帶入100%的購屋金額。

表1-21 ⌂泰國房市規則

寮國	
加入東協時間	1997年
2013年GDP	10,002 （單位：10億美元）
2013年GDP成長率	7.5%
2013年人口	6,772 （單位：百萬）
該國房市規則	・外國人只能租賃土地。 ・外國人向政府租賃國有土地最長期限為50年，向私人租地最長期限為30年，租賃契約通常可再延長。

表1-22 寮國房市規則

柬埔寨	
加入東協時間	1999年
2013年GDP	15,659 （單位：10億美元）
2013年GDP成長率	7.5%
2013年人口	15,047 （單位：百萬）
該國房市規則	・外國人禁止擁有土地產權。 ・外國人只能購買第二層或以上的公寓或共營式公寓，不準購買底層或地下層的房產。 ・外國人禁止在位於邊境30公里範圍內，以及部分政府禁止的地區購買房產，唯經濟特區，主要城市及其他政府准許的地區例外。

表1-23 柬埔寨房市規則

越南	
加入東協時間	1995年
2013年GDP	170,565 （單位：10億美元）
2013年GDP成長率	6%
2013年人口	89,691 （單位：百萬）
該國房市規則	・根據新的《住房法》，外國人可購買公寓和包含土地產權的別墅，房屋產權期限為50年。 ・嫁娶越南人的外國人可購買永久產權的房產。 ・外國人所購買的房產數量和面積不受限制，但每個公寓小區內，外國人擁有的住宅單位不能超過30%，每個坊級區內，外國人擁有的別墅不能超過30%。

表1-24 越南房市規則

菲律賓	
加入東協時間	1967年
2013年GDP	272,081 （單位：10億美元）
2013年GDP成長率	6%
2013年人口	97,484 （單位：百萬）
該國房市規則	・禁止外國人購買土地，但在菲投資的外國人可租用私人土地50年，並可延長25年。 ・外國人只能購買公寓，並可享有永久產權。

表1-25 菲律賓房市規則

汶萊	
加入東協時間	1984年
2013年GDP	16,214 （單位：10億美元）
2013年GDP成長率	3.5%
2013年人口	406 （單位：百萬）
該國房市規則	・外國人只能購買分層地契的公寓單位，最長使用年限為99年。

表1-26 汶萊房市規則

新加坡	
加入東協時間	1967年
2013年GDP	295,744 （單位：10億美元）
2013年GDP成長率	3.8%
2013年人口	5,399 （單位：百萬）
該國房市規則	・禁止外國人購買空地，有地住宅，以及被劃為住宅用途的地段。 ・禁止外國人購買政府組屋，只能購買私人公寓及商業房產。 ・唯一允許外國人購買有地住宅的地點，是聖淘沙島升濤灣（sentosa cove）的99年地契有地住宅，但只限自住用途。 ・外國人不准購買一個住宅發展項目中的所有單位或整棟公寓。

表1-27 新加坡房市規則

馬來西亞	
加入東協時間	1967年
2013年GDP	312,433（單位：10億美元）
2013年GDP成長率	5%
2013年人口	2,962（單位：百萬）
該國房市規則	・可享有房地產直接擁有權。 ・可享有房地產永久產權。 ・可通過本地銀行獲取房屋貸款。 ・沒有微收遺產稅。 ・受《馬來西亞聯邦憲法》第13條文保護。 ・受1966年屋業發展（控制及執照）法令（HDA）的保護。 ・需獲得州政府批準。

表1-28 馬來西亞房市規則

印尼	
加入東協時間	1967年
2013年GDP	870,275（單位：10億美元）
2013年GDP成長率	6%
2013年人口	247,954（單位：百萬）
該國房市規則	・一般而言，外國人只能享受房地產的「使用權」或「租用權」，而非「擁有權」。 ・外國人的房地產「使用權」最長25年，必要時可再延長2次，分別是20年及25年。 ・外國人只能購買22萬美元以上的成屋，發展商或個人不得出售、贈與或租賃土地給外國人供其興建房子之用途。

表1-29 印尼房市規則

東協每個國家有每個國家的房市規則，不能全以台灣的經驗來判斷，所以在進場前，讀者應該謹慎思考：我是否能接受該國的房市規則、文化衝擊、宗教信仰、風土民情？如果我能，那接手我的物件的買家能嗎？

多為你的客戶著想，財富遲早會降臨！

我教導我的學生，不只是賺錢，更重要的是學習財富的法則，只有心正了，腦袋乾淨了，才容易提升生命、生活、生計的品質！不過調整腦袋需要時間、毅力、環境，且保持每天學習的習慣，所以我建立了一個平台，給我的學生們一個環境，用心成長，對社會做出貢獻！（詳情請見p226每日成資）

Chapter

2

那個經濟起飛
的年代能教我們
什麼？

Invest in ASEAN

　　35歲前，我靠著銷售與投資台北房地產賺了第一筆財富；38歲左右，我在新加坡投資房地產賺到第二次；回台後我又在信義區賺到第三次地產財。

　　凡走過必留下痕跡，回首過去，我投資的地點之所以會狂飆，有很大一部分原因是和當局的重大建設有關。

　　在我年輕時，台灣正大刀闊斧地改建，各種重大建設開挖，那時經濟起飛，做什麼都賺。台北作為首都，政府很自然地先開發首都。首都在古時候就是「王城」，是兵家角逐之地，一個國家的首都，多半是一個國家最豐盛的城市。

　　我很幸運，年輕時誤打誤撞跟上了首都開發、房地產上漲的階段；後來我在新加坡，也是跟上了政策大改革的時期；回台後，我仍選擇在政策重視的地區深耕。

　　我們觀察國家的發展，通常在市中心飽和之後，就會向某一個方向移動。就如台北車站與周邊商圈飽和後，人口與人潮逐漸東移，因此出現了政府規劃的信義計畫區。

　　由於是有計畫地開發，因此道路和建築一定都是經過規劃的，政府會根據過往的經驗，把美觀與便利性納入考量，打造出比以往更適合生活的生態系。

　　像台北車站與西門町周遭這種曾經繁華一時、卻因太過擁擠雜亂而難以再開發的區域稱為「舊區」，把東區與信義計畫區這種政府重新規劃建設的區域稱為「新區」，結合我們之前談到的「時間差」，我們能導出一個房地產投資的勝利方程式：

圖2-1 ✿台北市「舊區」西門町中華商圈

圖2-2 ✿台北市「新區」信義計畫區

在一個國家的「舊區」與「新區」之間，必然存在著明顯的「時間差」！掌握「時間差」就能掌握趨勢，賺十年！

那麼，有沒有哪些城市，是曾經有「舊區」與「新區」之分，而造成房地產狂飆的呢？

上海的「舊區」與「新區」

綜觀歷史，大陸一級城市「上海」經濟發展的起飛點，要從1990年開始談起。

上海內，有一條河川叫黃浦江。1292年上海市建立，位置在黃浦江以西的位置。相較於城市本身的地理位置，黃浦江以東的地區由於交通不便，當時只能用擺渡船來往，因此發展遲緩。往後所有建設、租界，幾乎都設立在黃浦江以西的地點。

1990年代開始，上海城市發展飽和，再加上科技進步，政府開始了「浦東開發開放」，把黃浦江以東的位置泛稱為「浦東」，而舊的上海城市就相對稱為「浦西」。

「浦東開發開放」是中國政府的一項重大開發政策，鄧小平親自為其背書：「上海是我們的王牌，上海搞起來是一條捷徑。」

鄧小平同樣運用「時間差」，把在深圳發展特區的成功經驗，移到上海。往後的20年，上海浦東的生產總值提高了66倍之多，成為世界數一數二的繁華城市。

我在近二十年前，就已經進駐上海浦東投資，當時的浦東仍是一片荒蕪，就像早期的信義計畫區，草比人高。

圖2-3企上海「舊區」浦西夜景

圖2-4企上海「新區」浦東天際線

　　但短短十幾年的光景，上海浦東的成長力，已讓許多人追不上！但是我沒有賺到這筆財富，原因是因為我進去的太早，現金流不夠，無法支撐到上海要飆漲的時間。

　　這個投資失利的經驗，讓我學習到**進入一個區域，「時間點」、「現金流」都是關鍵因素**，房地產幾乎每年都會上漲，但是你要的是每年上漲3%、5%還是10%～20%、甚至倍數成長？你進入市場的時間點就非常重要！

首爾的「舊區」與「新區」

各位一定聽過韓國PSY大叔的名曲「江南 STYLE」，這首名曲琅琅上口，光是Youtube就有超過22億的點擊次數，就連聯合國都對PSY讚譽有佳呢！

「江南 STYLE」毫不掩飾首爾江南區的奢華風格，歌詞暗諷首爾極大的貧富差距，體現了首爾漢江以北與漢江以南——「舊區」與「新區」的落差。

傳統上，首爾的都市中心位於漢江以北的鐘路區與中區一帶，1970年開始，韓國政府開始開發江南區。

江南區初次開發是以住宅用地為主，使得江南區房價飆漲，地產建設企業業績長紅，使得江北與江南的人口比例，從8:2逐漸變成5:5。

後來隨著人口增長，許多企業與政府部門逐漸把總部設立在江南區，包括三星集團的新總部，以及政府的司法部門。

到了1990年代，江南區主導了首爾的政治、貿易、教育與商業，成了韓國真正的一級城市，再度回首江北，與規劃井然有序的江南相比，有了截然不同的風貌。

圖2-5❖首爾「新區」江南

新加坡「舊區」與「新區」

新加坡就如台北這麼大，也有「舊區」與「新區」之分嗎？

當然有的！因為連台北都有新舊之分，我個人就是誤打誤撞，闖進新加坡的「新區」，才得以從破產再度翻身。

新加坡的華人區叫做「China Town」，中文名字叫「牛車水」，是從元代就存在的古老唐人街，如果你去牛車水旅遊，會發現整條街都洋溢著滿滿的中國情調。

1822年，牛車水成了新加坡第一個重點發展的都市，此後隨著新加坡的發展，牛車水漸漸變得過度擁擠，於是華人開始從牛車水往外移居。

只有一個城市大小的新加坡，能移居到哪去呢？政府只能往外填海了。以濱海灣為圓心，周圍陸續建造了戲劇院、魚尾獅、濱海灣花園、金沙酒店等指標性建築，令觀光客趨之若鶩，新加坡也增加一筆可觀的觀光收入。

金沙酒店在2010年開幕後，其獨特的設計、天際游泳池及絢爛的夜景，吸引觀光客前仆後繼，甚至被譽為「全世界最賺錢的建築」。當然，有了金沙酒店做比價效應，濱海灣的房價水漲船高，更成為房地產漲幅最大的區域。

圖2-6❖新加坡「舊區」牛車水

圖2-7❖新加坡「新區」濱海灣

STAGE 2-4 東南亞重大工程──馬新高鐵與克拉地峽運河計畫

在普遍印象被歸類為「落後」的東南亞國家中，高度發展的新加坡明顯傲視東協諸國。新加坡近年更積極加強與東協其他各國的連接基礎設施與政策，「馬新高鐵」就是其中一項。

「馬新高速鐵路」是連結在新加坡與吉隆坡的高速鐵路，以往從吉隆坡開車到新加坡，至少需要4到5小時的時間，現在縮短至只需90分鐘車程，大大節省兩地之間的交通時間。

而當馬新高鐵開始建設，房地產市場將會面臨重大洗牌，會像台灣當初興建高鐵一樣，形成一日生活圈，觀光房產出現、旅遊習性轉變，高鐵站附近的房價開始產生變化。

目前，馬來西亞境內的站，分別為：吉隆坡（Sungai Besi）、布城（Putrajaya）、芙蓉（Seremban）、愛極樂（Air Keroh）、麻坡（Muar）、峇株巴轄（Batu Pahat）與努沙再也（Nusajaya），而新加坡境內可能就是裕廊東。

新加坡之所以積極想要興建這條高速鐵路，「克拉地峽運河計畫」是主要原因之一，因為一旦克拉地峽確定實施將會邊緣化新加坡，同時「克拉地峽運河計畫」也是許多投資

人、政府元首關注東協的重大政策。

　　「克拉地峽」是泰國連結馬來半島的一個狹窄地區，對台灣人來說，這個地區很陌生，但對泰國人來說，這裡卻是他們垂涎已久的海運重地。

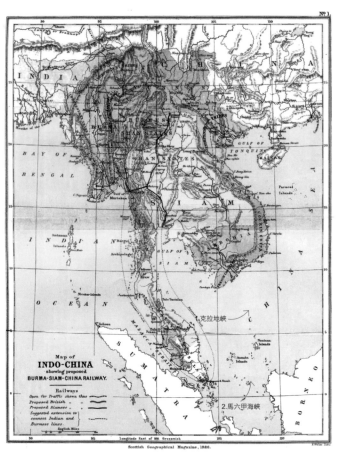

圖2-8　克拉地峽航線與馬六甲海峽航線

能源問題與石油運輸安全性問題，一直是國際之間的政策重點。長期以來，東亞國家的能源運輸線有70%是依靠馬六甲海峽。

馬六甲海峽是亞洲國家數一數二的海運路線，每年約有五萬艘船隻經過馬六甲海峽，佔了世界貿易總數約四分之一的船隻，無論在軍事還是經濟上，都有舉足輕重的地位，也因而被譽為「牽動世界的東方水脈」，日本甚至稱其為「生命線」。

顯然，馬六甲海峽周邊的新加坡，一直因「靠航」而受惠。

只是克拉地峽牽動政治、經濟的規模太大也可能短期間只是一個「計畫」。

海運的「舊區」與「新區」

馬六甲海峽因地理位置的關係，有著幾乎是得天獨厚的優勢，馬六甲海峽也一直造福海峽周邊的國家。新加坡身為深水港，又是中轉港，過去能成為世界第一大港、甚至世界第一大物流中心，實在是托馬六甲海峽之福。

然而，或許是因為有著無可取代的地位，馬六甲海峽長年以來也有很多令人詬病的缺點。

其中一個潛在危機是，馬六甲海峽中最窄的新加坡海峽，寬度只有2.8公里，易守難攻，若有恐怖組織佔領，將會造成世界重大的經濟損失。

另外，馬六甲海峽靠近印尼，印尼人有燒森林進行火耕的傳統，森林大火造成的煙霧會嚴重影響船隻安全；還有馬六甲海峽水流平緩，海峽底部又是泥沙質，容易積淤泥砂，有時會造成巨大郵輪擱淺。學者預估，約1000年後，馬六甲海峽將會消失。

馬六甲海峽利弊不斷，因此另闢新航線，早已不是什麼新話題。首選就是泰國與馬來半島中間的克拉地峽。

開拓克拉地峽，一直是泰國政府的重大目標，因為從地理位置來看，克拉地峽運河一打通，受惠最大的就是泰國。

圖2-9 馬六甲海峽

　　然而要開拓一條大運河並不容易。首先，泰國本土居民支持開拓克拉地峽的意願不大；反對派人士擔心會破壞生態；其次，開拓地峽後將會把泰國國土一分為二，對政局不穩定的泰國而言是個隱憂；第三，開拓克拉地峽的經費太高了，泰國自己無力開發。

克拉地峽運河計畫，牽動著整個東南亞國家的命脈，早在二十世紀初就已經炒得沸沸揚揚。不只東南亞國家，二戰期間，日本也有開拓地峽的意願；在2004年，冷飯熱炒，但還是因泰國無法負荷、各國之間難以協調而擱置。

直到2014年，中國政府出手了。中國政府財力雄厚、影響力非凡，與東協諸國合作，組成克拉地峽運河籌備小組，並在2015年三月正式宣布投資克拉運河計畫，準備打通全亞洲最大的人工運河。

至於為什麼中國開挖克拉運河勢在必行呢？我們從政治、都市、軍事三個面向分析之。

🖐 政治面

不只是石油，馬六甲海峽也擔任海運大眾物資的重責大任。

由於新加坡是政治親中、外交親美的國家，美國與新加坡有密切的軍事協議，新加坡可讓美國駐軍新加坡、停靠軍艦，只要出現國際「意外」，比如朝鮮戰爭、台灣主權問題、日韓衝突、越柬摩擦，只要美國請新加坡一封馬六甲海峽，封殺各國的石油渠道，各國就得乖乖「聽話」，因為沒有原油，各國經濟等於被凍結。

中國自然不樂見這樣的事發生，雖然新加坡經濟政策對中國高度投入與重視，但新加坡如此親美，該怎麼辦呢？以前中國內需龐大，無暇處理這個棘手問題，但在中國經濟成

長漸趨平緩，把觸角延伸到國際，自然希望「太平洋上容得下兩個國家」，意圖與美國二分天下。

經濟面

新加坡佔了地利之便，後面有美軍撐腰，成為世界第一大港，直到2005年被上海超越。

2005年後，新加坡與上海各展所長，爭取第一大港的寶座，每年排名略有調整，但當克拉運河開通，估計該航線能大幅減少1200公里，相較之下，航程較遠的馬六甲海峽，其吸引船隻經過的誘因蕩然無存，大大降低世界貿易經過新加坡的機會，新加坡將不再佔有地利優勢，屆時人口不足600萬、無大然資源與腹地的新加坡，得靠什麼什麼渠道賺取現金流？

與新加坡相反，克拉運河對上海港來說，反而是個大利多，為什麼呢？因為中國入主克拉運河，肯定會利用此利多來振興中國經濟，因此一邊投資克拉運河，一邊試驗上海自由貿易區，這個試驗區一年內即有12000家以上企業進駐。

一方面，中國成立亞投行，大舉投資東協諸國基礎建設，拉攏東協中的開發中國家，同時另一方面鞏固上海港第一大港的寶座，大開中國的經濟大門，與亞投行、「一帶一路」形成正向循環。

克拉地峽一打通，受惠最大的國家即是泰國、越南、柬埔寨與馬來西亞。被邊緣化的國家就是新加坡。因此克拉地

峽運河計畫，又被媒體解讀為「扼殺新加坡」、「慢性切斷馬六甲海峽水道咽喉」。

軍事面

克拉運河一打通，等於各國可以避開美國的軍事領地，轉到中國的「庇護」下。

儘管美國空軍世界第一，但中國也不差，而且這場戰役並非戰力拉鋸，而是戰略布局；美國固然可以請新加坡合法封鎖馬六甲海峽，但無法干涉中國控股的克拉地峽。所以克拉地峽運河計畫，從另一個角度來看，也是中美兩大國軍事影響力的轉移。

這個計畫就像東方版的巴拿馬運河，將會改變整個世界的勢力與經濟藍圖。不過事實上，整個計畫要完成仍有許多需要克服的問題，因此該計畫要反應在房價上，至少還有二十年的時間，但仍是值得我們持續關注的議題。

以上用十年以上的眼界，來看待東協的過去和未來，走出去看看不同的國家，你才知道我在講什麼。我想帶更多人走一趟「麥當勞致富計畫」的原因無它，只是想把好的知識傳承下去，畢竟現在年輕人買房，還真的很有挑戰。讀者若有興趣，歡迎跟我到東協走走：考察團網址http://goo.gl/Ffbhv0（詳情請見p224）

Chapter

3

東協房地產
黃金十年大解密

Invest in ASEAN

前面說過，一個城市的「舊區」與「新區」之間，必然存在著某種「時間差」，而掌握「時間差」能讓投資房地產的人在其中穩定獲利。

我曾經因為掌握台灣與新加坡的「時間差」，在房地產領域與其他領域賺進財富。這都是因為當時掌握了趨勢、掌握了「時間差」。

克拉地峽運河計畫是外資進駐東協的原因之一，它造就了航線的「舊區」與「新區」，世界各國都在關注東協。

然而在東協十國中，我們的資金與精力有限，我們到底該關注哪個國家？哪個城市？哪個地段？哪個建案呢？

我在35歲破產時，美國的老師教我許多重要的學習原則。這些原則讓我從谷底翻身，而我想跟各位分享其中一個原則：

「如果要學習，就要跟世界最頂尖的人學。」

「世界最頂尖」指的是「該領域的前10%」，更重要的是品格良善。論到投資，想當然耳就會想到華倫·巴菲特先生。

巴菲特先生說起管理投資，他的概念是：

第一條：不損失資金；第二條：永遠記住第一條。

因此若論到投資東協房地產，我認為找一個能「安全保本」的國家與城市，是很重要的一件事。

　　至於什麼樣的國家、什麼樣的城市才是能令投資人放心的呢？每個國家、每個建商、每個業務都有自己的一套說詞來吸引投資人進場，如何以宏觀、客觀的角度來分析，就是考驗投資人經驗與情緒控制能力的時候了。

　　前面提過，即使是首都，也是有分萬華區、信義區和中山區的，每個區域的風土民情、都市規劃都不盡相同，更重要的是，每個投資人的需求不同、價值觀也不同，而房地產只會有一個賞家，只要找對了買家，任何價錢都可以談，而這正是房地產有趣的地方，因為一間房子，只要一個買家，只要未來會有較多的買家需要這樣產品，那麼你已經立於不敗之地，這就是「供給」和「需求」的基本概念。

　　投資房地產時，我們可以用第三方資料統計做為參考的依據之一，並根據現場狀況來評估，因為所有的房地產都需要你親自看過、走過，才會了解這個地段、這個案件是否能協助你投資獲利。

　　我本人平均每個月都會到東協一趟，如果讀者有興趣看我怎麼挑地段、選物件，歡迎報名我的考察團：http://goo.gl/Ffbhv0

　　現在，先讓我們來看一些海外的統計數據。

STAGE 3-1 2014全球房地產透明指數

首先是仲量聯行兩年一度發表的《2014年全球房地產透明指數》：馬來西亞的商業房地產交易市場透明度，超越周邊的東南亞國家，是除了新加坡，透明度最高的東南亞國家。

在這份調查報告中，台灣房地產的透明度排名亞太平洋區的第29名，屬於「半透明」市場。東協諸國中，透明度高於台灣分別是第13名的新加坡和第27名的馬來西亞。

英國高居世界榜首，緊接在後的是美國、澳洲、紐西蘭、法國、加拿大、荷蘭、愛爾蘭和瑞士，目前，亞洲國家中只有新加坡、香港、日本屬於透明市場。

單論東協諸國的房地產市場透明度，新加坡是透明度最高的，而透明度最低的國家則是緬甸，排在第100位。從這份報告可以看出，緬甸因其透明度太低，暫時可先放在投資名單之外。

根據仲量聯行的資訊，這項報告的研究因素涉及房地產市場的信息是否充分及準確、房地產法律的完整度、房地產交易過程是否公平公正、市場運作規則是否規範、房地產從業人員的道德規範與誠信等。

透明度指數	2014綜合排名	國家	2014綜合得分
	1	英國	1.25
	2	美國	1.34
	3	澳大利亞	1.36
	4	紐西蘭	1.44
	5	法國	1.52
	6	加拿大	1.52
	7	荷蘭	1.57
	8	愛爾蘭	1.62
	9	芬蘭	1.69
	10	瑞士	1.73
透	11	瑞典	1.70
	12	德國	1.79
	13	新加坡	1.81
	14	香港	1.87
	15	比利時	1.92
明	16	丹麥	1.96
	17	波蘭	2.02
	18	西班牙	2.05
	19	挪威	2.07
	20	南非	2.09
	21	奧地利	2.10
	22	義大利	2.10
	23	葡萄牙	2.18
	24	捷克	2.20
	25	匈牙利	2.21
	26	日本	2.22

	27	馬來西亞	2.27
	28	巴西一級城市	2.44
	29	台灣	2.55
	30	羅馬尼亞	2.56
	31	以色列	2.63
	32	斯洛伐克	2.66
半	33	希臘	2.71
	34	土耳其	2.72
	35	中國一級城市	2.73
	36	泰國	2.76
透	37	俄羅斯一級城市	2.82
	38	菲律賓	2.84
	39	印度尼西亞	2.85
明	40	印度一級城市	2.86
	41	墨西哥	2.89
	42	印度二級城市	2.90
	43	韓國	2.90
	44	波多黎各	2.95
	45	巴西二級城市	2.95
	46	克羅帝亞	3.00
	47	中國二級城市	3.04
	48	博次瓦納	3.09
	49	阿聯酋	3.11
		杜拜	
	50	印度三級城市	3.14

表3-1　2014年全球房地產透明指數

全球城市機會報告

STAGE
3-2

　　台灣這幾年來，出現了許多炒短線的東協投資客，短時間內看起來獲利不錯，但實際上，與選對一個案子放長線相比，炒短線的獲利就少了許多，風險也大得多。

　　房地產是一個供需的市場，也是一個看未來的市場，就像麥當勞用本身的品牌帶入人潮，它投資的地點自然會上漲，因為它創造了價值，參與其中的顧客、商圈、供應商、公益組織都受惠。

　　至於咖啡第一品牌——星巴克在設立據點時，自有一套觀察區域性市場的嚴格標準。除了該區的熱鬧度以外，星巴克更在乎該區的「水平」。

　　在投資房地產時，我習慣去考慮十年以後的未來，因為那才是房地產真正賺大錢的所在；再來，投資房地產後若要出租，同樣也要考慮房客的來源與品質；當然，若是投資後先自住，該社區的發展更是重要。因此，一個城市的未來潛力——也就是「機會」——是很重要的。

　　普華永道在2014年發布了第六次的《城市機會報告》（Cities of Opportunity），把全球30大城市按照該城

市能提供多少機會進行了排名。

　　前三名分別是倫敦、紐約及新加坡。新加坡是東協國家中機會最多的，其次是吉隆坡，名列第17位，在東南亞國家中排名第2。

　　倫敦近年來在學校中普及網路，在科技完備性方面傲視群雄。而倫敦在出入便捷性與經濟影響力也位於榜首，成為了2014年機會報告中的第一名城市。

　　而美國首都紐約，則以金融、出版、科技與時尚的中心，做為第二名機會城市的利基點，其經商便捷性與經濟影響力也是數一數二的。

　　排在第三名的新加坡，則是在交通與基礎建設方面鶴立雞群，成為東協諸國中機會最多的城市，至於其他的東協城市，只有吉隆坡上榜，其機會高於台灣。

　　這項報告的考量因素，包括：科技完備性、交通與基礎建設、安全與社會保障、人口與宜居性、人力資本與創新、可持續性與自然環境、生活成本等。

全球20大機會城市排行榜			
排名	**城市**	**排名**	**城市**
1	倫敦	11	柏林
2	紐約	12	洛杉磯
3	新加坡	13	東京
4	多倫多	14	首爾
5	三藩市	15	馬德里
6	巴黎	16	杜拜
7	斯德哥摩爾	17	吉隆坡
8	香港	18	米蘭
9	雪梨	19	北京
10	芝加哥	20	上海

表3-2　城市機會報告

中國富人最青睞的十大海外房地產

　　我們若要投資房地產，國際熱錢的流向也是我們要考量的因素之一。台北的房價之所以如此高昂，鮭魚返鄉在其中出了不少力，因此華人的資金是我們首要考量的。

　　中國人到海外投資房地產的情況日漸增加，《居外網》以2014年上半年網站搜索及交易數據，統計出了中國有錢人最喜歡投資的十大海外房地產市場。

　　中國有錢人最喜歡投資的國家是美國，其次是澳洲、加拿大、英國、紐西蘭、泰國、新加坡、葡萄牙、西班牙，最後是馬來西亞。

　　2014年的報告中，葡萄牙與大馬都是首次入榜，而原本的義大利因為經濟因素，加上市場上缺少有吸引力的商品，與德國雙雙跌出中國投資者的視線。

　　該報告指出，由於近年來許多陸資企業湧入大馬，成功吸引中國投資者到大馬投資房地產。

　　儘管泰國政局仍不穩定，但良好的貿易發展促使陸資到泰國購買房地產的趨勢將持續成長；新加坡則受到限制海外購屋者的新措施而逐漸下滑，導致2014年的排名下滑了兩名

至第七名。

　　葡萄牙則推出新投資移民簽證政策獲得中國人的熱烈反應，當中高達80%申請者都是中國人，使其首次入選了十大榜單。

中國富人最青睞的十大海外房市			
排名	國家	排名	國家
1	美國	6	泰國
2	澳洲	7	新加坡
3	加拿大	8	葡萄牙
4	英國	9	西班牙
5	紐西蘭	10	馬來西亞

表3-3 中國富人最愛的十大海外房市

亞洲基礎設施投資銀行

前面的章節，我們從「時間差」介紹到「克拉地峽運河計畫」。

在「時間差」的部分，我們從過去的經驗，學到了在城市發展的新舊之間，必定有一些機會存在。

緊接著我們從世界格局的「克拉地峽運河計畫」，看到了新運河周邊的崛起，以及新加坡的隱憂。

在「克拉地峽運河計畫」中，圍繞運河的三大國家，分別是：泰國、馬來西亞、柬埔寨。

以「克拉運河」為中心，泰國、馬來西亞與柬埔寨隱隱成了金三角，其首都曼谷、吉隆坡與金邊就成了我們主要的關注目標。

我們再從前面章節的許多第三方機構報告中（尤其是透明度報告），可以看出一點：

除了成為「已發展國家」的新加坡外，屬於「發展中國家」的馬來西亞，很可能是下一個投資者的利基市場。

當然不只是馬來西亞，尚未成為已開發國家的每個國家都有機會，只是順序早晚的問題而已。

有人說，19世紀是英國的時代，當時大英帝國靠著強大的海軍成為歷史上擁有最多領土的超級帝國；20世紀是美國的時代，冷戰結束後，美國靠著空軍與航太技術成為超級強國；到了21世紀，在中國登高一呼後，亞洲各國紛紛嶄露頭角。

為了在亞洲的崛起過程中維持影響力，許多國家紛紛加入由中國主導的「亞洲基礎建設投資銀行」（簡稱：亞投行），至2015年3月17日為止，亞投行的會員國增加至31國：

亞洲基礎建設投資銀行會員國					
1	孟加拉	12	馬來西亞	23	斯里蘭卡
2	汶萊	13	蒙古	24	塔吉克斯坦
3	柬埔寨	14	緬甸	25	泰國
4	中國	15	尼泊爾	26	烏茲別克
5	印度	16	紐西蘭	27	越南
6	印尼	17	阿曼	28	英國
7	約旦	18	巴基斯坦	29	法國
8	哈薩克	19	菲律賓	30	德國
9	科威特	20	卡達	31	義大利
10	寮國	21	阿拉伯	註：表為2015/03/07之統計資料	
11	馬爾地夫	22	新加坡		

表3-4 亞洲基礎建設投資銀行會員國

　　至於什麼是亞投行呢？顧名思義，就是用來投資亞洲基礎設施的銀行。

　　前文章節提及，房地產的漲跌很大部分與政府重大建設有關。東協許多國家正處於「發展中國家」，急需大筆資金，中國政府出了這張牌，其時機點可說是神來一筆。

　　在後續的章節，我們會簡單介紹中國的另一張王牌「一帶一路」，而亞投行就是政府為了支持「一帶一路」戰略的經濟後盾。

　　儘管亞投行設在北京、由中國主導、中國出資一半為最大股東，亞投行還是應被看成國際性組織，如IMF（國際貨幣基金）、ADB（亞洲開發銀行）般，而不是中國的組織。

　　如下表所述，美國與日本作為當今經濟體的龍頭，IMF與ADB（亞銀）扮演了很重要的角色。只是既然已經有ADB來對亞洲國家基礎建設注入資金，為何還要建立性質相近的亞投行呢？

　　原因在於ADB是由日本主導，而中國想要不戰而主亞洲，就得打一場大規模的超限戰。

　　中國近年經濟的發展上遇到一些挑戰，擁有產能過剩的問題，急需把多餘的產能輸出給周邊國家；中國有超額的外匯存底與儲蓄，能借給需要開發的國家；中國近來累積大量的「鐵公機」經驗（鐵路、公路、機場），對於有大量「硬需求」的開發中國家享有「時間差」優勢；同時，中國還希望把國內重工業企業，塑造成如西門子、三菱重工、馬特

page5

a

亞投行、IMF、ADB比一比		
項目/組織	亞投行	IMF （國際貨幣基金）	ADB （亞洲開發銀行）
成立時間	簽約籌建備忘錄：2014年 運作時間：預計2015年底	1945年	1966年
主導國家	中國大陸	美國及歐盟	日本
成員	見表3-4	大陸、日、美、德、英、法等188國	台灣、大陸、香港、日、美、德、英等67國
總部	預定中國北京	美國華盛頓	菲律賓馬尼拉
資本額	1000億美金（中國允諾出資一半）	2380億美金	1750億美金
宗旨	提供亞太地區國家基礎設施資金	為陷入經濟困境國家提供金援，或協助管理財政	協助亞太區域開發中國家基礎建設
戰略意義	為「一帶一路」布局，大陸爭取全球經濟金融的話語權，挑戰IMF、ADB地位	有助鞏固或增長美國在二戰後世界霸權的地位	協助亞洲國家開發，改善二戰後日本與周邊國家關係

拉、奇異電器等先進國家代表性基礎建設集團般的企業。

在中國的種種利基點、與東協各國的種種需求上，亞投行無疑扮演了很好的橋樑角色。

有趣的是，英國、法國、德國與義大利是在2015年才加入亞投行的，會員國中沒有美國、加拿大、日本等國家，而

亞投行的創始會員國申請已經結束。

　　亞投行的創始會員國名單也可視為美國並不樂見亞洲壯大的一個表徵；而日本親美，卻是亞洲國家，長年與中國不對盤，因此站在相較尷尬的立場。分別主導IMF與ADB的美國與日本，明顯都不樂見亞投行的促成。

　　歐洲強國則紛紛靠攏，選擇搭上東協與亞洲崛起的快車，尤其歐盟過去有經驗，了解當亞盟壯大時將有可能撼動美國的影響力；至於台灣，若以更高的格局、更遠的視野、更寬廣的心胸來看待亞投行，相信會更有助於提升民生水平。

　　因此，未來亞投行的投資標的與周邊房產供需，都是我們可以關注的焦點。

3-5 最適合退休的亞洲國家

我很喜歡旅遊，因此在十多年前就已經開始環遊世界。

在我環遊世界的過程中，曾經到訪吉隆坡。老實說，我對當時的馬來西亞第一印象並不是太好。

因為旅行中幾件不太順利的事情，有幾次是發生在馬來西亞。

第一件事，是有一次搭飛機到達吉隆坡，可是行李卻掉了，我問人問了半天，卻怎麼都沒辦法找到，當時被我詢問的先生則是雙手一攤，我也無可奈何。

其次，吉隆坡身為馬來西亞的首都，市中心卻是個交通黑暗的地方，經常塞車，往往一個標的物近在眼前，在台北開車五分鐘的車程，在吉隆坡市中心卻要花上半小時以上的時間。

由於我在新加坡住了七年，習慣新加坡的便利與城市風貌，每當我旅行到馬來西亞，去到比較傳統的地方，總是讓我不習慣。

現在想想，當年自己也有不對的地方，沒有放下成見，去體驗這個國家的文化，直到2014年，我再度造訪吉隆坡

時，由當地的學生帶我去看當地的房地產，我才豁然開朗。

由於在房地產三十幾年，總有幾分對市場的敏感度，看到當地所推出的建案與產品，徹底讓我改變對馬來西亞的印象，同時，也讓我嗅到龐大的市場契機。

圖3-1⚄最適合退休的亞洲國家——馬來西亞

實地到馬來西亞看看吧！你會喜歡馬來西亞的！

因為美國《國際生活》曾經選出22個最適合退休的國家，8個評比項目包括房地產價格、退休特別福利、生活成本、綜合項目、娛樂與設施、醫療保健、退休的基礎設施和氣候。這22個最適合退休的國家中，馬來西亞高居亞洲第一、全世界第三。同時，馬來西亞也是全球第四的購物天堂、全球第十二的親商國家。

我現在說的就是我在做的，我已經替自己在吉隆坡準備了退休據點之一，如果讀者有興趣跟我當鄰居、一起投資買房，歡迎到我家看看！

（報名窗口：http://goo.gl/Ffbhv0）

Chapter

4

大吉隆坡
計畫

Invest in ASEAN

我們再拉回來談談「時間差」。

身為台北人,在台北古老的「西區」與時尚的「東區」之間,我們可以從中看到房價與生活型態的差異;若到了首爾,也會從「江北」與「江南」之間看到差異;到了上海,我們可以看到「浦西」與「浦東」的差別;再到新加坡,看看「牛車水」與「濱海灣」的截然不同。

一個城市的房地產漲幅,和這個國家的政策有很大的關係。因此關注政府的政策是很重要的。

其中有一項重大政策,在2010年馬來西亞就已經發布了,這項重大政策被稱為「大吉隆坡計畫」。

關於「大吉隆坡計畫」,以下從《國際經濟週報》轉載一篇新聞。

馬來西亞首相拿督斯裡納吉週一在政府報告會上表示,經濟轉型執行方案在過去3年已取得良好成果,顯示馬來西亞將在2020年之前,可以實現成為高收入先進國的目標。

報告指出,大馬人均國民總收入從2009年的7059美元成長至2013年的10060美元,增幅高達42.5%,去年經濟成長率超過預期的6%,經濟轉型執行方案初顯成效。

2010年9月,大馬政府推出經濟轉型計畫,爭取在2020年時,將大馬國民總收入提高至1萬5000美元、創造330萬個就業機會、吸引4440億美元投資額。具體的措施包括興

建高速鐵路、新的捷運系統、泛亞鐵路、新的購物街和商業區、經濟區等，力求促使大馬經濟得到全面發展。

此次計畫中最關鍵的一點是，大馬將以1720億令吉打造「大吉隆坡」，從硬體設備、人民收入及居住環境這三方面，讓吉隆坡在2020年躋身全球20個最宜居的城市，同時成為世界經濟成長率最高城市前20名，因此，就這一點也被稱作「大吉隆坡計畫」。

具體來說，「大吉隆坡計畫」將在2020年實現住在大吉隆坡地區人口，從現有的600萬人增至1000萬人，政府還推出特別獎勵，邀請世界上最優秀的100個企業在馬來西亞設立據點，吸引國外大量人才。

同時，興建馬來西亞到新加坡的高速鐵路，通車後從吉隆坡到新加坡只需1.5小時，屆時將吸引大量新加城居民到物價水準低的大馬居住。

人口的急遽增長、大量外來人員帶動大量的住房需求，特別是首都吉隆坡，一直是人口聚集之地，200多平方公里的土地聚集大馬超過十分之一的人口，住房需求非常大，投資房產前景非常可觀。

目前，馬來西亞房價還處於較低水準，1萬～3萬人民幣每平米，吉隆坡靠近市中心雙子塔的房價則接近4萬人民幣每平米，租金收益可達到5%～8%每年，投資回報率比較高，房產增值每年在10%左右，隨著「大吉隆坡計畫」的有序實施，未來幾年，大馬特別是吉隆坡的房價上漲的空間會更大。

「大吉隆坡計畫」的目標為以下幾點：

大吉隆坡計畫	
計畫斥資	**1720億令吉**
起始	2010/09/25發布
目標	1. 2020年成為全球最適合居住的20個城市之一。 2. 2020年經濟成長率世界前20名。 3. 人均總收入15,000美元。
遍及領域	1. 硬體設備：四大建設。 2. 人民收入：年收入40,000令吉提升至70,000令吉。 3. 居住環境：30%綠肺。
三大重心	1. 布城：行政中心。 2. 賽城：金融與科技重鎮。 3. 巴生港：貿易中心。
預期吸引資源	資金：4440億美元。 人口：600萬居住人口提升至1000萬。 專才：50萬名。

表4-1 ✿大吉隆坡計畫

　　這項計畫66％的資金將來自民間，整個計畫下有113項入口點計畫。為確保在邁向「2020年宏願」時有足夠人力資源，大馬政府將把住在大吉隆坡地區人口，增至1000萬人。

　　為了達到上述目標，人才培訓機構將吸引國內外400萬人在大吉隆坡地區居住，以及吸引50萬名專才在吉隆坡居住，包括吸引馬國專才回流。為了吸引世界著名企業來馬設立營業據點，馬國政府也計畫提供特別獎勵。

　　據稱，大馬政府吸引國內外優秀人才的方式為：以月薪五倍到十倍的金額來挖角。因此吸引了許多的專業人士到大馬展開新生活。當人口到達一個水平，房地產供給小於需求，就會造成房價持續攀升。

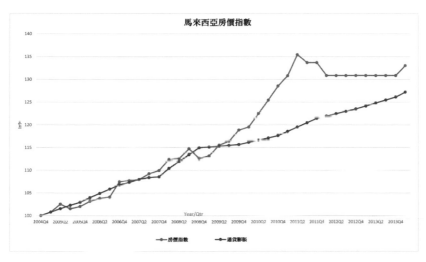

表4-2◆2004～2013馬來西亞房價走勢圖

　　「時間差」包含了價值觀的不一致。

　　在台灣，我們都很習慣探討房地產時，用離捷運遠近來作為判斷地點好壞的依據之一。

　　然而，現階段在馬來西亞，有錢人不會想要住在大眾運輸系統附近。但是，市場會變、人的習慣會變，而「變」是需要時間的，這中間就有「時間差」。

　　想當年台北捷運在施工時，不也經歷交通黑暗期，大家罵翻天，但在捷運完工之後，房價的漲幅則是讓大家措手不及。

四大重大建設		
序號	重大建設	概況
1	馬新高鐵	從吉隆坡到新加坡的高速鐵路，預計通車後，吉隆坡搭車至新加坡只需要90分車程。
2	捷運系統	大馬政府新開發的第三條地鐵系統。
3	泛亞鐵路	貫通歐亞大陸的「鋼鐵絲路」，全長81,000公里，經50年籌備，預估2020年完工。
4	購物街	從吉隆坡到武吉免登的七公里長購物街。

表4-3◆大吉隆坡計畫四大建設

圖4-1◆捷運施工的交通黑暗期

馬新高鐵
（馬來西亞高速鐵路）

STAGE 4-1

「大吉隆坡計畫」包含興建從大吉隆坡至新加坡的高速鐵路，通車後從吉隆坡至新加坡的車程僅需90分鐘。

這項計畫分為兩期。第一期計畫，從吉隆坡到新加坡的高鐵行程，將途經吉隆坡國際機場、芙蓉、愛極樂、麻坡、峇株巴轄、柔佛巴魯（新山）的依斯干達經濟特區，再進入新加坡。至於第二期計畫是從吉隆坡延伸至檳城，途經怡保。

因此，高鐵背後帶來的意義，要重於高鐵車站本身。若馬新高鐵通車，勢必會為吉隆坡與新加坡注入雙向的經濟活水，但軌道周邊的房價漲跌，仍要視整個政府的整體建設而定，單憑高鐵車站本身的落腳處，並不足以當作支撐房價的理由。就像日本新幹線的車站旁、台灣的幾個高鐵站，並不是全面都漲。

馬來西亞政府計畫新開設三條地鐵線，其中兩條是以雙溪毛糯為起點，另外一條則是連接吉隆坡經濟區和商業區的環城線，以加強大吉隆坡地區交通的連貫性。

根據計畫，上述3條地鐵線將連接現有的輕快鐵站，預計將經過巴生谷一帶的購物商場，並設立有蓋行人道。

圖4-2☆MRT Construction Site at Bintang Walk

與高鐵一樣，交通便利性固然是人們的一大需求，不過也並非每個捷運站都會造成房價上揚，仍要視該區整體的開發狀況而定。

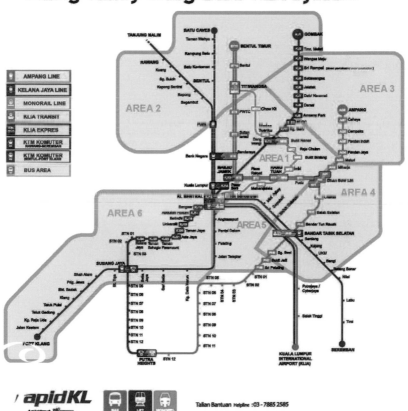

圖4-3 馬來西亞捷運圖

　　看著吉隆坡要發展捷運系統讓我特別有感觸。

　　一個城市的發展，首先會從基本的道路、水利、電力系統，之後便會邁入重大交通建設的階段。

　　吉隆坡現在正處於當時台北蓋捷運的階段，有些陸續完工，有些則已規劃出來。這些捷運站即將給吉隆坡帶來的改變，就將如當年台北捷運帶來台北的變化一般，且吉隆坡比台灣有更多的邦交國，對外資相對也採取較為開放的策略，因此一旦捷運完工，便利的交通將會帶來另一波房價的波動！

STAGE 4-3 泛亞鐵路（Trans-Asian Railway，TAR）

這是一個貫通歐亞大陸的貨運鐵路網路。

亞洲18個國家的代表於2010年4月10日在韓國釜山正式簽署《亞洲鐵路網政府間協定》，籌畫了近50年的泛亞鐵路網計畫最終得以落實。

按照協定規劃，不久將來四條「鋼鐵絲綢之路」構成的黃金走廊就可以把歐亞兩大洲連為一體，縱橫交錯的幹線和支線將編織起一個巨大的經濟合作網路。

該計畫是由從東南亞經中國直通歐洲，全長81,000公里，完成後將以新加坡為起點，路線經吉隆坡、曼谷、湄公

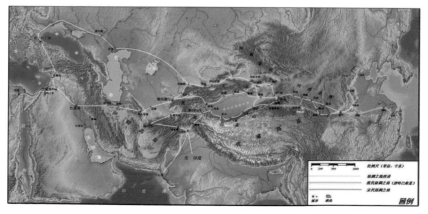

圖4-4 陸路絲綢之路路線圖

河流域柬、寮兩國達中國昆明後，再分經中亞往歐洲，或由
西伯利亞大鐵道轉東亞；由於工程浩大，保守預計最快也要
2020年才可以完工。

　　遠在上古時代，世界各地的貿易之路就在前人一步一腳
印中誕生，到了漢朝時代，張騫、班超出使西域，奠定了歐
亞大陸的長途商道，便是赫赫有名的絲綢之路，此後以漢代
的絲路為基礎，陸續開發出了各條海上與陸上的絲路。

　　絲路不但是經貿的生命線，也是文化、政治、歷史之
脈，甚至是兵家必爭之地。可以說馬六甲海峽、巴拿馬運河
及克拉地峽運河，正是一種現代的海上絲路。

　　泛亞鐵路這條「鋼鐵絲路」與「克拉地峽運河」相同，
其影響力將是世界級的，因此早在航空業尚未發達時便處於
籌備階段。

　　目前泛亞鐵路計畫分為四條，分別是北部走廊、南部走
廊、東北亞走廊、和東南亞走廊。

　　與東盟相關的東南亞走廊路線，由南到北，從新加坡到
馬來西亞吉隆坡，再到曼谷分為三條東線、中線與西線三條
路線。

　　東線從泰國曼谷經過柬埔寨金邊、越南胡志明市、到
中國河內，最後到南寧；中線從曼谷到寮國萬象，又分成兩
條，一條往西北方的大理，一條往東北方的河內、南寧；西
線則到緬甸仰光，一路往北到大理、昆明、南寧。

　　誠然，泛亞鐵路光是東南亞走廊三線，就造福了東盟大

多數國家，包括新加坡、馬來西亞、泰國、柬埔寨、越南、寮國等地區。未來泛亞鐵路將會為整個東南亞帶來全新氣象，但實際狀況仍需時間來檢驗，因此房地產必須以長遠的眼光來看待，即使只看「短期」，也要5到10年才合理。

正因為房地產領域必須放長線、釣大魚，所以你的Holding Power很重要！如果Holding Power不足，就會重蹈我當年投資上海的覆轍！至於如何提高Holding Power呢？

我的文膽硯峰把我當年從一無所有、被教會弟兄收留，到一年內建立萬人團隊，月入百萬的關鍵整理出來，全台限量101場演講，錯過了就不會再有！（報名網址https://goo.gl/Muq8FG）

4-4 購物街

「大吉隆坡計畫」包含在吉隆坡城中城至武吉免登（Bukit Bintang）興建7公里長的購物街，這7公里購物街區將發展成為有蓋走道、行人天橋及地下走道等。

圖4-5☉Bukit Bintang City Centre 武吉免登市中心

除了購物，政府也計畫在大吉隆坡地區興建45公里長的有空調冷氣的、有蓋行人道，銜接城市內各個主要地標及景

點，讓大吉隆坡地區成為四通八達的購物天堂，吸引更多外國遊客在馬來西亞購物。

值得一提的是馬來西亞的IOI city Mall。這個由IOI集團在賽城打造的購物商城，號稱為全馬最大的商城。

在我造訪IOI city Mall時，還是試營運的階段，而停車場早已人滿為患，明

圖4-6✿IOI 內部實景

明是工作日，商城內卻像假日一樣熱鬧。

我自己不是都市型的人，但以馬來西亞與台灣相同的人口、土地面積卻是九倍大的人口密度來看，僅僅是一個全新的IOI city Mall就能有這樣的盛況，可以想見當未來整個大購物街成形時，會有多少購物人潮抬升房價！

STAGE 4-5　提高人均所得

除了提升硬體設備以符合國際大都市目標，馬來西亞政府也將在「大吉隆坡計畫」下，致力提高人民的收入水準。人民的真實收入才是支撐房價的基石。

馬來西亞現在的人均所得為四萬馬幣，政府計畫在2020年時將人均所得增加七萬馬幣，這個數字是柔佛巴魯人民總收入的七倍，估計在2020年時，「大吉隆坡計畫」將創造出170萬個就業機會。

為了達到這個目標，政府將通過設立《投資吉隆坡（Invest KL）機構》，吸引100家世界著名企業來吉隆坡投資及設立營業據點，將吉隆坡打造成良好的投資地點。

《投資吉隆坡機構》將由四個單位組成，這些單位各司其職。

負責吸引外資的是馬來西亞工業發展局（MIDA）；馬來西亞雪蘭莪州投資公司（SSIC）專注於製造業；大馬多媒體發展機構（MDEC）負責發展賽城（Cyberjaya）及聯邦直轄區；城市福利部則專注在大吉隆坡的發展。

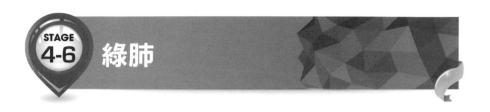

STAGE
4-6

綠肺

「**大**吉隆坡計畫」也包括綠色發展的部分，政府將30％特定地區重新發展為綠肺，通過園藝、綠色建築等，讓吉隆坡成為更舒適的城市。

而其中光是賽城（Cyberjaya），更是公開規定須有50％的面積做為綠肺使用。

另外，世界上所有卓越的城市都離不開河流，馬來西亞政府希望吉隆坡也能成為其中之一，計畫淨化目前污染程度達第三級的巴生河，同時透過美化河流及河岸發展計畫，發展吉隆坡地區的河流，以及周遭生活圈。

例如，賽城配有24小時不斷電、不斷線光纖電纜，搭配數十萬坪濕地公園、過濾淨水，像日月潭一樣大的人工湖，可調節溫度，舒適宜人！

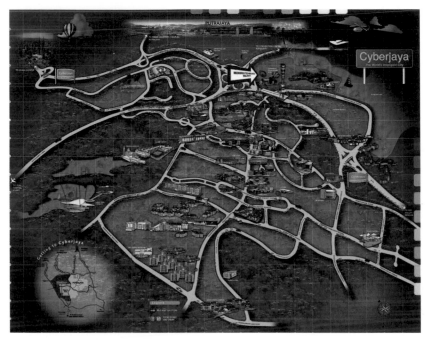

圖4-7 佔有50%綠肺的賽城

入口點計畫

STAGE 4-7

要達成「大吉隆坡計畫」，大馬政府具體的配套措施是很重要的，這也關係到我們最在意的房地產行情。「大吉隆坡計畫」包含了113條入口點計畫，以下整理出較重要的八項計畫，來說明大馬政府是如何吸引外資進駐的。

一、吸引世界百大企業於馬來西亞設立據點

大馬政府透過《投資吉隆坡機構》，同時提供相關獎勵政策，吸引全球頂尖100個國際企業，在馬來西亞設立營業據點；這項計畫若順利實施，透過跨國企業投資，每年將對大馬國民所得貢獻近400億馬幣，並在市場上增加10萬個工作機會。

目前進駐大馬的頂尖跨國企業，包括IBM、殼牌、Ericsson、HP、BMW、花旗銀行、HSBC、DHL、戴爾電腦、星巴克、達美樂披薩等百大企業。其中IBM在馬來西亞賽城（Cyberjaya）已經蓋到第三期。

通常這些頂尖跨國外資落腳何處，是我們投資房地產時很重要的依據。

二、吸引內部與外部的優秀人才

過去，馬來西亞由於開發不足，有很多人才外移，現在馬來西亞想吸引這些當年外移的人才回流，同時也想吸引國外的優秀專才。

馬來西亞吸引外部人才的方式，是以高薪進行挖角。如果你是某個領域的專才，例如醫師、工程師、醫美領域專才等，將有機會以五倍到十倍的薪水在大馬工作。

另外，馬來西亞也簡化了外國專才及回流專才的程序。

這份「專才回流計畫」將以石油與能源、金融服務、批發零售、棕櫚油與橡膠、觀光、電子電器、商業服務、數位內容、教育、農業、健康照護等產業為優先。

三、建立馬新高鐵

我們在上述的報告中可以看出，無論是房地產透明度、城市機會及陸資喜愛投資的國家，東協諸國中，新加坡和馬來西亞都是名列前茅的國家。

2013年2月19日，新加坡及馬來西亞這兩個強國的政府共同宣布馬新高鐵計畫，合作興建一條貫通新加坡至吉隆坡的高速鐵路，將東南亞最大的二個經濟體連結。

除了商業上的幫助，馬新高鐵對馬來西亞在休閒旅遊產業的貢獻，估計每年可增加20至50億馬幣的消費，兩地僅車程縮減為90分鐘，預計最快2020年後可通車。

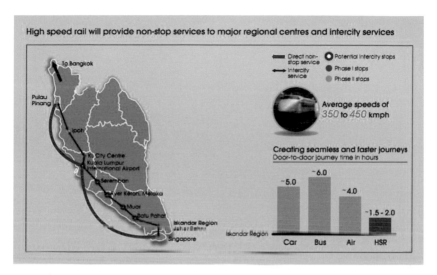

圖4-8 馬新高鐵

四、大捷運系統

　　前文提過，捷運是馬來西亞除了高鐵外，另一項非常重要的重大建設。而我們的機會點，在於「部分馬來西亞人認為『捷運是給窮人搭的』」。

　　這主要三條捷運路線長達141公里，並涵蓋以大吉隆坡為中心，半徑20公里的領域；捷運通車後，估計能載運多達200萬名乘客，大大減少市中心交通壅塞的情況。

五、重整巴生河流域

　　自古以來，河川就是孕育文化的搖籃。三峽大壩的興建固然促進中國大陸經濟繁榮，但也讓長江三峽成了絕響。

圖4-9 Bintan Walk with MRT

　　每個人都喜歡住在依山傍水的環境，沒有人喜歡住在飽受汙染的河川與垃圾山旁，是吧？

　　大馬政府仿照溫哥華、墨爾本、奧克蘭、日內瓦與首爾，重新賦予大吉隆坡地區河流生命力，振興巴生河流域的歷史遺產和商業區域，淨化巴生河，並促進巴生河流域一帶的經濟發展。

六、建設指標性的建築

　　指標性建築是房價上升的符號，如果你住在台北101裡面或附近，請問你的房子價值有多少？

　　大馬政府也非常清楚這點，預計會將富都監獄、博物館、中央藝術館等發展為指標性建築。其中一項指標性的建築，是首相納吉在2010年宣佈建摩天大樓計畫。

　　這項計畫令馬國政府徵用了默迪卡體育場、國家體育館與獨立公園的公共空間土地，來興建「118層獨立遺產大廈（WARISAN MERDEKA TOWER）」。

　　這棟大廈估計耗資50億馬幣，預計到2025年完工，即將成為馬來西亞最高大樓。

　　在房地產領域，指標性的建築物會帶動比價效應，若該區沒有指標性的建築，則房價就比較容易呈現平緩的狀態；但若是有建物「登高一呼」，周圍的建物有了參考依據，就會開始調整價格。

　　例如，曼哈頓的中央公園、濱海灣的金沙酒店、台北的101、吉隆坡的雙峰塔等，就是很具指標性的建築，周遭的房價與繁華程度也是有目共睹的。

　　大馬首相希望「118層獨立遺產大廈」（簡稱：吉隆坡118）能代替雙峰塔，成為吉隆坡的新指標建物，當然，周邊的房價也會隨之上揚。

　　同時，Mont Kiara中的Metropolis的100層大樓，全馬最大的會展中心也是有絕對的優勢。

七、最適合居住的綠化城市

　　大量的綠肺是馬來西亞的重點項目之一。

馬來西亞計畫在2020年種植10萬棵綠樹，透過15萬平方米未使用的屋頂增加綠化空間，目標是成為全球前20名最適合居住的綠色城市。

吉隆坡市長在2015年與馬來西亞森林研究院簽署合作備忘錄，擬出草本館、造林計畫、主題休閒公園等計畫。

另外，政府也計畫建立超過45公里人行道，由吉隆坡市政局與民間企業合作規劃，為吉隆坡市中心帶來更方便的行人步道。

再來，馬來西亞也把回收再利用率達75%作為目標，以更環保、更高效率和更適合的方式處理垃圾的問題。

現在，大吉隆坡已經有許多生活圈形成了類似洛杉

圖4-10 Desa Park City

磯那樣鬧中取靜、森林與商圈相輔相存的生活型態，例如Metropolis附近的Desa Park City，就是把綠地、商圈、住宅與醫院結合在一起的大規模高檔社區。

八、敦拉薩國際貿易中心計畫

如果你造訪吉隆坡的「新區」，你會發現有許多地方有著「城中城」的設計，這些「城中城」設有公園、醫療中心、商圈、住宅、學校、甚至商業大樓等，當地的居民若住在這座「城中城」中，其休閒娛樂、醫療、就學、辦公、消費等需求，都可以在「城中城」被滿足。

這邊要介紹另一個大型造鎮計畫更具知名度，這個計畫叫《敦拉薩國際貿易中心計畫》，簡稱TRX。

根據TRX的官網所述，TRX位於首都吉隆坡的核心地帶，開發占地逾28.3公頃，預期將成為國際金融與商業服務的主要中心。

TRX落成後，樓宇售價總金額將高達80億美元。它就像一個具備完整功能的生態系一樣，該區涵蓋一流商辦、豪華住宅、百貨商圈、藝文中心等。

TRX是以商業為主的造鎮計畫。馬來西亞期望TRX能成為下一個亞洲金融發展的貿易重鎮，並且發展成為中東的金融重鎮，首相納吉更把TRX視為國家發展的首要策略。

以地理位置來看，TRX位於吉隆坡市中心西南方、雙峰塔南邊，該區擁有主要幹道，以及捷運車站，能通往吉隆坡

圖4-11 敦拉薩國際貿易中心地圖

各地區，包括國際機場。

　　大馬政府認為，TRX將大力促使「大吉隆坡計畫」在2020年完成，包括提升人均所得至15,000美元、創造330萬個就業機會、吸引4400億美金的外資等。

　　TRX將會成為馬來西亞最大的都會公園，其中涵蓋了8公頃的綠地、包括Signature Tower的2間五星級酒店、包含25棟商業大樓、1間結合生活與消費的百貨與5棟豪宅。

　　為了吸引企業與外資先行在TRX投資，政府開放企業利多，以下整理出來：

馬國政府提供之特別獎勵方案	
一、	100%豁免為期10年之所得稅
二、	豁免貸款及服務合約之印花稅
三、	工業建築補貼及加速資本補貼
四、	豁免符合資格之發展商為期5年70%之所得稅。

表4-4☆TRX馬國獎勵企業方案

從TRX的設計、政府的重視與整個地理位置來看，勢必會帶動周遭的房價。

最後轉載一篇馬來西亞首相納吉對TRX的期許，給各位讀者做個參考。

《馬來西亞推薦總值260億馬幣之敦拉薩國際貿易中心（前稱吉隆坡國際金融區）》

日期：2012/07/31 【 經濟部 / 駐馬來西亞代表處經濟組/ 報導】

馬來西亞首相納吉曾於2012年7月30日為「敦拉薩國際貿易中心」（Tun Razak Exchange，簡稱TRX）主持推薦禮時表示，馬國將設立一個由首相署部長諾莫哈末主導之特別工作組，成員涵蓋財政部、中央銀行、證券管理委員會及其他機構資深官員組成，確保敦拉薩國際貿易中心之規劃、發展到中心落成及運作，皆獲得政府機制之支持。

　　而吉隆坡國際金融區目前已更名為「敦拉薩國際貿易中心」。

　　該中心為馬國政府於2010年最早啟動之經濟轉型計畫（ETP）之一，該計畫將促使馬國平均每人國民所得，於2020年提高至4萬8,000馬幣（約合1萬5,142美元），推動馬國進入高所得經濟體。

　　該中心占地28.3公頃（70英畝），將率先打造綠色之大吉隆坡，例如採用綠化空間、永續建築、限制車流量、大型之寧靜公園、空中花園，以及固體垃圾管理之生態系統。

　　該金融區估計可為馬國創造總值260億馬幣（約合82.02億美元）發展總值（Gross Development Value）。屆時將有250家國際著名領導企業進駐該中心，創造50萬個就業機會；其中4萬個為金融服務知識員工。

　　策略投資人首期將為馬國引進35億馬幣之外來直接投資。馬國盼通過該中心，可將吉隆坡轉型為國際主要金融、貿易及服務中心，並將吉隆坡打造為全球前20個適宜居住，享有持續性經濟成長之城市地位。

　　該中心將為投資人參與馬國回教金融市場提供便利，致力促進馬國成為全球回教金融中心。國際回教金融業從1985年之總市值50億美元，發展至今已逾1兆美元；其中馬國回教金融業市值已超越4,000億美元，估計於未來10年內將增加3倍。

　　——資料來源：馬來西亞星洲日報及馬新社

　　目前TRX內部皆一房難求，即便TRX周邊，在行家眼裡也是奇貨可居，若有機會，一定要好好把握，這種機會，錯過了就不會再有！

　　在大馬政策下，都市發展已有明顯南下的趨勢，無論TRX、KL118，之後要介紹的布城和賽城，皆在雙峰塔的南方。投資人若以過去對吉隆坡的既定印象來做參考依據，則風險較大；反之，持續關注重大建設、重大政策等情報，保持謙卑的態度學習，掌控貪婪和恐懼，並選擇合適時機點進場，則風險較小。

　　只是一般人若要前往大馬投資，搭上「吉隆坡計畫」的順風車，就會面臨兩個極大的挑戰：一是「目前」外國人不能在大馬銀行開戶；二是「目前」外國人只能申貸最多五成房貸。

　　「馬來西亞第二家園計畫」（簡稱MM2H）能協助投資人解決這樣的問題，詳情請見p228。

Chapter

5

深入了解
馬來西亞房地產
的十個理由

Invest in ASEAN

以上資料在在顯示，馬來西亞政府毫不掩飾自己準備鴻圖大展的決心。

我之前強調，一個地區的房地產之所以有機會飆漲，很大一部分是來自於政府對該地區的重要政策而定。

馬來西亞已不是我們所想像的「舊舊、髒髒又落後」的國家，相反的，大馬有很多地方比台灣先進許多，甚至倫敦市長日前造訪馬來西亞吉隆坡，稱其是個「乾淨且綠化的城市」。

未來速度變化得實在太快了。根據統計，現在大一所學的東西，到了大二將有三分之一不再適用。我們需要用一種全新的視野來看待馬來西亞——一個生氣蓬勃的國家！

深入了解大馬房地產的十個理由	
理由一	世界百大跨國企業，已紛紛在馬來西亞賽城設立總部。
理由二	馬來西亞重金聘請，為許多專業人士設立絕佳的舞台。
理由三	馬新高鐵等重大建設正一步步地完工。
理由四	馬來人對捷運的認知仍停留在「窮人的交通工具」。
理由五	大馬政府重新整頓巴生河等自然環境，嚴格控制綠肺占地面積。
理由六	吉隆坡118、IOI city Mall、TRX等指標性建築陸續誕生。
理由七	馬來西亞房地產透明指數高於台灣，為東南亞第二。
理由八	馬來西亞沒有颱風、地震、海嘯、核電廠，安全性高。
理由九	馬來西亞的房地產多數為「永久地契」，東協少有。
理由十	TRX、賽城等「新區」，提供「時間差」機會。

表5-1❖深入了解馬來西亞房地產的十大理由

另一方思考，在投資任何項目之前，我們都需要先考慮「風險」，我們先前介紹了這麼多馬來西亞政府所規劃的發展計畫，看起來都是利多消息，但是在進入一個市場，我們也必須要了解當地的風土民情。

　　例如，馬來西亞人對馬來西亞政府的執政效率是沒有很大信心的，因此有許多人對政府的計畫也抱持著存疑的態度。

　　根據當地朋友的說法，二十幾年前，大馬政府就已經規劃了布城與賽城兩個新區，只是管理一直沒有做好，因此計畫延宕二十年，直到近年，交給私人機構處理，賽城的規劃才算完善。

　　在投資東南亞國家，我傾向「眼見為憑」，就是有關單位說了什麼計畫，並且真的看到已經開始動工，才會準備出手，因為資訊的落差就是財富的落差，整個房價就是政府的政策影響最大，如果我們沒有可靠的訊息來源，那麼就必須依靠自己的判斷力和經驗，兩者都需大量時間來累積。

　　本書的資訊與情報，終有需要更新的一天，因為世界變化速度太快，每個月我走訪東協，都親眼目睹這些「發展中國家」進化的過程。如果想跟上東協發展的速度，掌握剩下不多的黃金十年，歡迎參加我每季的考察團，每季我們一起來看進度，好嗎？網址：http://goo.gl/Ffbhv0

雙城奇謀──布城

STAGE
5-1

各位可曾看過「氣派」與「自然」共存的城市嗎？布城（Putrajaya）就是這樣的地方。

布城，舊譯為太子城，現在一般都以「布城」稱呼。布城的面積有70%的綠地覆蓋率，也是馬來西亞的新行政中心，有一點像當時的信義計畫區，但大馬政府規劃得更完善。

與信義計畫區不同的是，布城內部沒有商業區，也沒有商圈，唯一為了遊客建造的小商場剛要動工，由於布城是馬來西亞專門設計來做為政府部門行政區的地方，馬來西亞所有的行政機關都已在這裡辦公。

布城是大馬行政與宗教的大本營，最高法院、清真寺、首相府等機關都遷移到布城，是個充滿著伊斯蘭教文化氣息的美麗城市，許多建築頂端採用洋蔥頭設計。

來到布城，首先就會對它獨特且完整的城市設計所吸引。如果把吉隆坡市中心的雙峰塔比喻成紅花，而周遭商圈是襯托雙峰塔獨特指標性的綠葉的話，那布城就像是一整片的花田。

是的，布城充滿了與雙峰塔般令人驚嘆的建築，而且，

圖5-1✦布城陰天街景

圖5-2✦布城Seri Wawasan Bridge

布城還有許多真正的花叢與綠樹。

不但有花有樹，布城還有一片大湖——Putra Lake，無論何時，你都會在布城欣賞到美麗的山水風光。

我們造訪布城時是假日，所以沒看到大馬的公務人員。那天天氣很好，到處都是觀光客，不過由於街道設計非常寬廣，所以不會顯得人滿為患。

布城的路燈非常具有流線感，四處都可以看到有如歐洲宮廷般的設計，這些設計落在噴水池、地標、告示牌、大門角落處，再加上馬來西亞的主流信仰文化，讓布城揉合了歐洲貴族風格與伊斯蘭的宗教氣息。

從空中俯瞰，可以看到布城有一個巨大的圓環區，這個圓環區有電動車可以租借，你可以駕駛電動車在布城兜風，

圖5-3✿Putra Lake

圖5-4 Putra Square

圖5-5 布城普特拉清真寺

享受布城帶給你的美麗衝擊。

　　當然，作為馬來西亞行政與宗教的大本營，身為外國人的我們，不能在這邊投資房地產。不但外國人不投資房地產，就算是大馬的國民，也要遵守當地的宗教習俗。例如：布城的住宅不能圍籬。

　　我之所以會在本書介紹布城，是因為你可以由一個國家的行政中心，了解到這個國家的未來潛力。

　　從布城的設計、規劃到構思，你可以看出大馬政府努力想成為一等一國家的決心。

　　當一個國家以長遠、全面的角度去思考整個建設計畫的時候，這個國家就會吸引世界級的機構與其合作、進駐，

圖5-6 布城國際會議中心

帶動商圈發展，屆時，該國某些區域的房地產才有真正的價值，能吸引真正懂得珍惜房地產、懂得珍惜生活體驗的人，就像曼哈頓的中央公園般令人嚮往，而不是炒地皮、炒短線、甚至炒「時間差」。

　　這個未來並不遠，東協將會以飛快的速度崛起，如果你看過布城的姊妹城——賽城，你就知道世界級組織以什麼樣的眼光來看待馬來西亞的「大吉隆坡計畫」！

雙城奇謀──賽城

如果美國總統已經有50年沒有造訪馬來西亞了，而歐巴馬忽然造訪馬來西亞，你會不會感到好奇？

歐巴馬是美國第二任到馬來西亞拜訪的美國現任總統，到底為什麼美國總統要忽然到馬來西亞參觀呢？又為什麼選擇的都市是賽城（Cyberjaya）呢？

以下轉載自一篇新聞報導：

美國歐巴馬總統出訪馬來西亞，提升兩國為全面夥伴關係

日期：2014/04/28 【經濟部／駐馬來西亞代表處經濟組/ 報導】

馬來西亞首相納吉與美國總統歐巴馬於本（2014）年4月27日發表聯合聲明指出，大馬與美國擁有共同利益，兩國人民也擁有共同價值觀，兩國將重新設立高層官員對話機制，定期磋商，以尋求全面實施合作夥伴關係。兩國間的合作日趨加深，涉及範圍也越來越廣，在「全面夥伴關係」機制下，兩國必須在重要領域如政治、外交、貿易、投資、教育、民間、國防與安全、環境、科學與科技，以及能源等課題，加強對話。

圖5-7 Obama to launch MaGIC in Cyberjaya on Sunday

馬國與美國在2010年至2013年間雙邊貿易平均達350億美元。美國去（2013）年為馬國最大外來投資國，投資金額19.27億美元，創造8,000個就業機會。兩國擁有龐大潛力促進經濟關係，及提升新成長領域之聯繫，尤其新興及高科技領域。

歐巴馬總統表示，雖然中國大陸與印尼未參與跨太平洋夥伴協定（TPP），但該協定一直歡迎符合協定高標準的任何區域經濟體加入，以減少貿易及投資障礙、確保人力和環境獲得強大保護、以及為與國營企業競爭的公司提供公平待遇，以及加強保護智慧財產權。儘管美國與歐盟建立新貿易

與投資夥伴關係，但這不會影響美國盼通過TPP與亞太建立深化經濟關係之努力。渠堅定推動TPP協定，因這不僅可為美國與大馬的產品開拓更多市場、刺激雙邊出口及就業機會和經濟成長，同時也會讓整個區域受惠。

馬國外交部長阿尼法表示，馬美雙方不會在歐巴馬總統訪馬期間完成TPP協定談判，馬國不希望受到緊迫期限約束而作決定。馬國須緊密探討國家主權及國內政策決定權課題，大馬在諸如政府採購、國營企業、投資者與地主國間紛爭的解決機制，和智慧財產權課題上有一定立場。大馬認為需要很大彈性，以使大馬能夠在敏感章節有參與權。大馬期盼TPP協定將塑造成一個基礎廣泛的亞太區自由貿易協定，尤其當大馬政府邁向高收入國時能夠受惠。

納吉首相與歐巴馬總統於4月27日正式推介大馬全球革新與創意中心（MaGIC）及一個大馬企業家計畫（1Met），為馬美合作關係的見證，兩國攜手培養年輕企業家，並提升賽城（Cyberjaya）作為精明城市之形象。目前美資企業如Dell、惠普、IBM、AIA、AIG、AT&T、Prudential、Silicon Graphics Int'l及Monster科技等公司已在賽城運作。

納吉首相與歐巴馬總統於4月28日見證馬、美企業簽署3項總值20億美元瞭解備忘錄：包括（一）美國GE Aviation公司及馬國Air Asia X公司簽署購買總值15億美元飛機引擎；（二）馬國森那美公司收購美資生物科技企業Verdezyne公

司的30%股權,總額3,000萬美元;以及(三)美資Metlife公司耗資2.5億美元購買馬國Ambank擁有之AmLife及AmTakaful公司股權,這是美資企業第一次投資馬國回教保險市場。

美國總統歐巴馬於本年4月26日至28日對馬國進行三天國事訪問,為繼詹森總統於1966年到訪大馬後,第二位訪問馬國的在任美國總統。

有趣的是,美國總統相隔50年的訪馬之旅,為什麼不是去吉隆市中心區、不是去伊斯甘達、甚至不是去布城,而是去賽城呢?為什麼要選擇賽城做為形象城市呢?

圖5-8◆Obama to launch MaGIC in Cyberjaya on Sunday

　　而且請注意報導中，許多美國企業早已進駐賽城，包括戴爾電腦、HP惠普、IBM、AIA、AIG安泰、電信龍頭AT&T等等，為什麼馬來西亞這麼大，為什麼這些百大企業偏偏選擇在賽城設立總部呢？

　　我們再拉回來談「時間差」的部分。原本IBM在吉隆坡市中心有設點，但吉隆坡市中心直到現在還是處於交通黑暗期，「黑暗」到明明目的地就近在眼前，往往要繞上一大圈還不一定找得到建築入口。

　　在吉隆坡市中心上班，每到尖峰時間就保證會塞車，由於馬來西亞又是台灣的九倍大，許多企業的員工住得比較

圖5-9◆隨處可見的賽城綠地

遠，必須起得比較早、甚至六點就要爬起來，然後一路塞上好幾個小時才到得了公司。

於是政府重新在吉隆坡市中心南方畫了塊土地，當作「新區」。

歷史再度重演。過去，台北受夠了台北車站與西門町有如黑暗漩渦般的擁擠詭譎，直接到原本是荒野的東方設立東區與信義計畫區；現在大馬政府受夠了雙峰塔周遭的黑暗迷宮，直接到原本是森林的南邊設立布城與賽城。

馬來西亞地大，政府大手筆一畫，光是Putra Lake一座湖，就讓人賞心悅目、氣派雄偉。以Putra Lake為中心，東邊設立以行政與宗教為主題的全新行政區——布城，而Putra Lake西邊就是「新區」——賽城。

大馬政府把賽城定位成一個全新的「科技城」，仿照美國「矽谷」，對企業免稅十年，吸引頂尖企業入駐。

於是IBM在賽城建立了總部；戴爾、HP、AT&T、HSBC、BMW、殼牌等企業陸續在賽城設立海外總部。

賽城地大，企業可以投資土地，還是永久地契；賽城樹

圖5-10 🏠 布城與賽城隔湖相望

多，政府規定賽城必須保持50%的綠肺，保證山水風光明媚，科技與自然共存共榮；賽城鄰居好，採住、商分離式設計，你的鄰居就是每個領域的頂尖企業，沒有繁雜吵鬧的消費性商圈，卻又交通便利到你隨時都能在大馬路上兜風。

　　大馬政府挖了這個大池塘，放了一大堆魚餌，在民間企業的規畫下，百大企業紛紛上鉤，在賽城買地、蓋房子、員工大遷徙，使得賽城逐漸成為一座有利經商的綠化城市。

　　除了科技領域外，賽城另一個重點發展項目是教育。

　　賽城擁有國際一流的大學，包括：大馬多媒體大學（MMU）、林國榮創意科技大學、賽城醫學大學學院（CUCMS）等數家高等教育機構，李安導演的《少年Pi的

圖5-11✦Cyberjaya日落美景

賽城各項資料一覽	
政府定位	馬來西亞矽谷城
政府斥資	520億馬幣
城市主題	多媒體超級走廊（科技、教育）
綠肺面積	48%
開發時間	自1997年開始
離吉隆坡市中心	開車約20分鐘（50km）
離吉隆坡機場	開車約20分鐘
交通建設	設有捷運、輕快鐵、巴士總站
通信建設	兩條大電纜‧不斷電、不斷網路
企業利多	企業免稅10年
人均所得	基層：6,000～7,000馬幣/月 主管：10,000～100,000馬幣/月
勞動人口	約10～20萬
總人口	約70萬
城市設計	住、商分離
房產平均投報率	6.21%
永久地契	是
房地產供給量	預估7萬
房地產需求量	預估50萬
政府期望人流量	每年7000萬人次
吸引族群	外企、觀光、投資、教育、科技、人文、藝術、多媒體

表5-2 賽城基本資料

奇幻漂流》後製部分，就是由賽城林國榮大學的學生在賽城的KRU電影製作室完成的。

矽谷城引來科技業的高階知識分子；一流大學引來世界各地的學生。無論是上班族還是學生，買屋、租屋都是賽城的潛在市場，「需求」遠遠大於「供給」。

雙峰塔周遭的吉隆坡市中心，已明顯成了「舊區」。如果讀者正在尋找馬來西亞的「新區」，那麼賽城將會是你很好的選擇。（更多東協資訊，請上：http://imywoo.com）

圖5-12❖賽城多媒體大學

圖5-13 吉隆坡KLCC

依斯干達經濟特區

在馬來西亞，另一個能被討論的是依斯干達的經濟特區。

有很多學生問我：「依斯干達能投資嗎？」這個答案沒有絕對性的。因為投資的第一個原則就是「安全保本」，所以在討論依斯干達的「好」之前，有幾個要素同樣要被列入考量：

依斯干達風險控管	
非首都區	政府在該區注入的資源夠充沛嗎？
大家都在討論	當資訊普及，我們還能把握真正的好機會嗎？
熟悉程度	我們對該區的熟悉足以讓我們做出判斷嗎？
必要程度	我們沒有比該區更好的選項了嗎？
發展進度	該區真正的經濟發展到哪個階段了？

表5-3 依斯干達風險控管列表

拜資訊普及所賜，依斯干達的中文資料方面，比布城、賽城與多媒體超級走廊還多——然而後者才是美國總統歐巴馬真正感興趣的部分——因此眾所皆知：在依斯干達所謂的經濟特區，總共有五個。

「五個經濟特區」是什麼意思呢？意思就是：沒有經濟特區，一顆蛋怎麼有五顆蛋黃呢？

一個人通常只能專注做一件事，最多兩件事。同一時間不可能做好三件事。

政府也是一樣。以台灣過去的經驗來看，當年「五都選舉」號稱能將中央政府的資源平均分配在五個「新首都」，當時新北市、台中市、台南市、高雄市中有多少人期待「新首都」能獲得更多的資源？

「五個經濟特區」是依斯干達全盤皆輸潛在風險之一，另一個風險在於，目前台灣用來推廣依斯干達投資案的一大賣點，是「靠近新加坡」這個賣點。

然而，依斯干達經濟特區的面積是新加坡的2.5倍大，就算新加坡全國居民都移到依斯干達，要創造出如新加坡房市的盛況有其困難性，加上新加坡與馬來西亞是「兩個國家」，與香港和中國是「一個國家」的概念截然不同，文化、住宅、社會結構也不同。

因此如果你要考察依斯干達特區，你必須要待在特區裡面，然後在上下班時間過海關，你才有辦法了解。

如果你在新加坡工作，你真的可能為了比較便宜的房價然後每天如此通車嗎？這可是「兩個國家」！

此外，如果你是從新加坡進入依斯干達，因為你已經習慣新加坡的便利了，你會不自覺把新加坡的繁華套用在依斯干達上，而依斯干達又很大，不是每個地方都能跟新加坡一

樣的，難免會有期待上的落差。

　　所以，我的建議是徹底走完五個經濟特區，對五個特區全盤了解後，再來決定是否買在這裡。

　　此外，依斯干達的價格已經與吉隆坡某些地區的價格一樣了，如果認真的研究市場，就能發現什麼是「供給」與「需求」的機制。依斯干達的建設，未來真的會吸引大量人潮湧入以支撐房價嗎？以依斯干達的未來發展性、吸引人口的誘因，真有必要蓋那麼多房子嗎？

　　當你了解當地的人口、收入結構，你就可以看出其中端倪，到底是建商炒作還是回歸自然的供需上漲。

　　如果一個新加坡2.5倍大的土地，人口只有180萬，平均每平方公里只有811人，房子卻拚命蓋、建商、房仲拚命賣，請問市場是「供給」大，還是「需求」大？

　　即便如此，如果讀者能遵守巴菲特的投資原則，那依斯干達仍是一個可以關注的潛在「新區」。

　　以我的經驗來判斷，在依斯干達真正值得期待的例外地段，莫過於馬新高鐵的高鐵站附近了，但具體的位置還不明朗，哪裡才是真正的黃金路口、黃金地段，還需要一些時間來考驗當地的都市整體發展狀況。

　　只是，若你知道有A建商把依斯干達的房子當贈品來送，另一邊卻是B建商拚命炒作依斯干達，你也會替那些因資訊不對稱而產生風險的投資人，感到憂心吧？

馬來西亞的反思

STAGE 5-4

　　進入任何一個市場之前，都需思考風險。馬來西亞近幾年房價已漲了一波，市中心的房價，有些已與台北差不多，當然這與外資進場炒作脫不了關係。只是在馬來西亞投資，不能全用在台灣投資的想法去思考。

　　近年馬來西亞政府亦祭出打房政策，包括緊縮銀行貸款、增加產業利得稅、限制發展商補貼利息的計畫……。

　　許多發展商也面臨龐大的庫存壓力，走訪一趟市中心，四處都在蓋建案，幾乎清一色的高檔公寓，每個人的口袋和精力有限，你必須思考你的投資要達到什麼目的？

　　有時仍會耳聞聽到發展商蓋到一半就不繼續蓋的新聞，不過馬來西亞有的產業有機制保護（HDA），是可以讓其他發展商接手完工，但因為耗時許久，因此在一開始就慎選對的物件與誠信的發展商就非常重要。

　　在台灣仲介瘋狂銷售的一個案件中，門口就有一個爛尾樓，當然由於該案件位於吉隆坡精華地段，因此某些投資人認為影響不大，但仍建議投資前實地考察，才有保障，並且一定要了解當地的行情，因為「資訊的落差就是財富的落差」，你到底買的是合理價格？還是仲介在中間賺了很大的

價差？這都需要身為投資者的我們仔細研究。

　　加上馬來西亞政府實施GST（6%消費稅），市場觀望意味濃厚，但仍有許多地段充滿機會，認真研究，而不是聽仲介的片面之詞，三、四年前那個隨便買隨便賺、投資報酬率6%～10%的時代已經過去，你必須更小心的選擇你投資的產品、地點、供需與價格，做足功課，才是精明的投資人。

　　在利潤與成本的天秤中，更重要的是慎選伙伴，什麼叫「伙伴」？就是會把你的利益當作自己的利益一樣在乎、為你長遠的財富藍圖把關的人，當你找到這樣的人，只要一位，其價值就決不亞於買到一個蘋果物件，甚至超乎你所求所想。

STAGE 5-5 你會喜歡住在馬來西亞的

圖5-14 馬來西亞地圖

　　越了解馬來西亞，就越發現馬來西亞是個得天獨厚的國家。

　　從地理位置來看，印尼、泰國、柬埔寨、越南等國家把馬來西亞包圍其中，形成天然屏障，因此熱帶氣旋不會進入馬來西亞，使馬來西亞沒有颱風、也沒有海嘯。

　　馬來西亞不在板塊交界處，因此沒有地震，不像某些國家一震，再好的物件都沒了，目前大馬運用的建材，根本不需要做耐震設計，間接節省了投資成本。台灣以前、現在只

是RC建造多，鋼骨建材也是最近才有。

馬來西亞是石油產出國，雙峰塔本身就是「馬來西亞國家石油」的總部；除了石油，馬來西亞地下還有天然氣、錫礦；地上有棕櫚樹，能產出大量棕櫚油。

馬來西亞雖是回教國家，但它卻是東協中相對開放的回教國家，因為多元種族結構，所以讓大馬抱持著相對包容的精神。一個國家是否排華，也是華人必須要關注的焦點。

馬來西亞華人還保留著十分傳統的華人習俗，加上馬來西亞人口結構年輕，主要年齡層集中在三十歲上下，華人因為馬來西亞的政策，使得先天在取得資源上並不佔優勢，因此造就他們為自己找出路的本能。

在馬來西亞有許多年輕的創業家，他們做事勤快，而且敢拼，就像二十年前台灣的那群創業家一樣。在這裡你會感受到蓬勃的生氣，因為你見到的老闆，很多都只有二十出頭。

以往我們都忽略了馬來西亞的地理位置、人文風貌等特色，直到我在馬來西亞的學生令我改觀，這是我辦教育訓練的收穫之一，過去我辦上百人、上千人的「大型收費演講」，只是為了能從中找到真正願意甘苦與共的好「伙伴」，哪怕只有一位，都足以證明他是千中選一、萬中選一的人才！所以如果我背後沒有長遠紮實的「麥當勞致富計畫」做後盾，光辦課程是不容易吸引真正的優質人才的！

對於東協諸國，尤其是馬來西亞這個國家，我是用至少二十年的視野來看待這個市場，而東協諸國絕對是新一代年

輕人學習、深造與翻身的天堂。

但是身為外資的我們，若要真正了解馬來西亞，最好是由當地的居民、有房地產賺錢經驗的人來帶，會看到很多不一樣的東西。

如果是由對的人來帶你去馬來西亞，你會喜歡上馬來西亞的！

如果你想跟我們一起深入了解馬來西亞的房地產，我們平均每個月都會安排台灣的朋友到馬來西亞交流，認識馬來西亞的朋友、上房地產課程，並由我本人與當地的學生親自帶你看這裡各式不一樣的建築項目。

在我與許多有成功投資經驗同學的陪伴下，你可以學習到如何在一個新的市場快速了解當地行情，也可在看每一個案子的過程中，學習到如何挑案子，這才是真正的房地產功力。

本章節最後附上全球房地產指南統計（Globa Property Guide）處整理而成的資料，作為讀者投資東協各國的參考。

表5-4表示的，是以美元為單位的每平方房價，須注意的是，房地產的價格不能一概而論，靠河岸第一排、與靠河岸第三排的價格，自然不是同一個水平；美國佛羅里達同區，房屋總價從1萬美金到40萬美金都有，因此價格類的表格僅供參考使用。

不過此表仍可看出，馬來西亞、印尼、柬埔寨、菲律

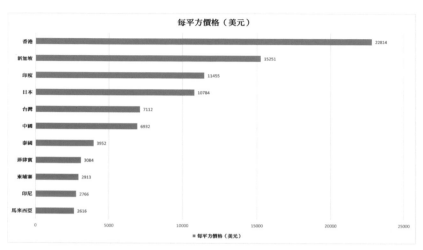

表5-4🏠每平方價格（美元計）

賓的平均房價，相較其他國家是偏低的；而東協之一的新加坡，明顯處於非常高點的位置；至於香港，則是遠近馳名的高房價都市。

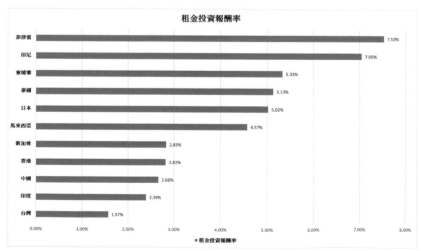

表5-5🏠亞洲租金投報率

表5-5是亞洲幾個國家的平均租金投報率。

光以租金收益而言，台灣——尤其是台北——敬陪末座；印尼、中國、香港、新加坡在2~3%左右；馬來西亞、日本、泰國、柬埔寨則落在4~6%區間；而菲律賓與印尼最高。

這也是許多台灣投資人不願繼續在台灣投資的原因之一，但台北就不能投資嗎？其實可以的，只是相較於東協，獲利的機會少了許多、門檻高了許多，投資者必須有更深、更紮實的房地產知識基礎，才有機會在台北市獲利。

表5-6則是房價／除以人均所得比，意思就是，「當地人買房容不容易」。

馬來西亞由於房價基期低、人均所得相較於東協偏高，因此目前馬來西亞居民買房，負擔較輕；而最高的香港，則

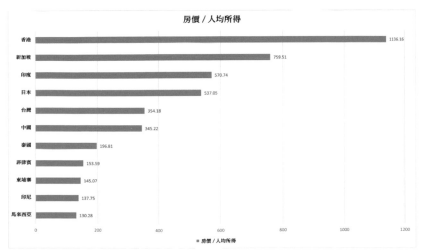

表5-6 🏠 房價/人均所得比

是買房、養房極困難的城市；第二名的新加坡，政府則是祭出一連串的打房政策抑制房價，避免重蹈香港的覆轍。

值得一提的是，許多人會看某個國家、某個地段房價飆漲，而忽略了人均所得，但房價真正的基石，卻是建立在整個地區的經濟水平上。

若房價高、人均所得低，表示當地人自己買房有較大挑戰，外資、建商、仲介炒房的機率較高，轉賣有其困難性；反之，若房價低，人均所得高，表示當地人買房容易，那房價就容易呈現平緩且紮實的上升曲線，若以十年以上的格局選對地點，則買到蘋果物件的機率也會更大。

本章節所提之馬來西亞利多、利空，若僅只是參考，那難免顯得紙上談兵成份居多，最重要的是實踐，與實踐而來的成果。如果想掌握吉隆坡黃金十年，體驗我當年資產倍增的快感，那就走出去吧！離開台灣，多到不同國家看看、交流，由真正在其中獲益的人帶著你，增廣見聞，你才知道我在說什麼！

報名連結：http://goo.gl/Ffbhv0

Chapter

6

新加坡與
泰國

Invest in ASEAN

本章節包含新加坡和泰國，我們先談新加坡。

新加坡過去身為亞洲四小龍之一，現在依然是在東協諸國中，無論法治、環境、經濟、文化、基礎建設、知識水平都數一數二的國家。

新加坡是彈丸之地，只有與台北差不多的大小。這個曾經身為英國殖民地的都市港口，毫無腹地與天然資源可依賴，到底為什麼能成為亞洲四小龍之一？並且保持高度競爭力持續到現在？

要論及新加坡的崛起與榮景，不得不談起前新加坡總理李光耀。

1984年11月，香港《亞洲週刊》的羅伯特‧伍得盧曾說：「如果諾貝爾設最佳國家領導人獎的話，李光耀一定是得主，而且是不只得一次。」我能在新加坡從翻身、再到累積大量資產，李光耀真的幫了很大的忙。

當年我破產、輾轉流浪到新加坡的那段期間，李光耀剛

圖6-1 新加坡夜景

圖6-2 新加坡濱海灣天際線

好在進行經濟改革,我還記得李光耀當時講:「只要飛機航行7個小時內能到達的地方,都是新加坡的經濟領域!」

　　當年我到新加坡時,經營多層次直銷仍不合法,但後來新加坡開放,我剛好切入進場的時間,搭上「時間差」的順風車,於是我在新加坡靠直銷公司,再加上我在美國學到的創業智慧,在短短一年內翻身,最後重新回到房地產。

　　世界變化的速度,遠遠超越你我所想像。尤其當移動互聯網崛起、大數據時代的來臨,如果我們不能跟上世界變化的速度,那麼很快就會被那些變化速度比我們快的人,遠遠拋在後頭。

　　世界變化的速度之快,就連馬雲先生都把「擁抱變化」當成阿里巴巴的六大核心文化之一。

　　我搭了兩次李光耀政策變化的順風車,幸運的賺了錢。我相信無論是賭場還是直銷,以長遠來看,都對新加坡的長

遠利益有很大的幫助，因此李光耀才會進行政策改革。但有沒有人會因為這樣的政策改革而虧損，當然有！

　　因此，各位讀者若想賺跨國的錢，就一定要多加關注在該國擁有巨大影響力的人物，尤其每個國家的風土民情、金融體系、政治文化都不盡相同，如果一定要進軍東協，不妨多多投資自己的腦袋，尋求已經被證明成功有效的方式，才是投資的不二法門。

　　至於我當年是如何一年內在新加坡翻身，箇中祕密請參考《一年內翻身退休的秘密》網址https://goo.gl/Muq8FG

自由之都——
新加坡的起飛之路

STAGE 6-1

新加坡是個很有趣的地方，它沒有腹地與天然資源，而李光耀很清楚它的劣勢。

同時，李光耀也充份發揮了它的優勢，那就是Location、Location、Location。

新加坡是馬六甲海峽的必經之路，而作為東方數一數二水脈的馬六甲海峽，讓新加坡擁有大量的機會可以發展貿易與觀光。

自1965年新加坡獨立後，新加坡開始了有系統、有階段性的一連串經濟開發。

新加坡歷經一連串的重大基礎與經濟建設，造就了經濟起飛，善用貿易與外資，成了亞洲四小龍之一，直到現在，仍是亞洲數一數二先進的國家。

由於人均所得高，又寸土寸金，因此新加坡房價大部分時期，都呈現明顯的上升曲線。當然，也有一些重要政策影響了房價的漲跌。

新加坡iN2015

　　新加坡政府於2005年開始，推出「iN2015」計畫
（intelligent Nation2015），政府投入40億新幣，規劃係
用資訊通信產業讓經濟轉型，並培養人才，並希冀透過此計
畫，創造出八萬個就業機會，幫助醫療、教育、交通、金融
等產業全面提升。

馬新高鐵

　　新加坡為了避免被邊緣化的危機，與馬來西亞政府達
成共識，共同建設馬新高鐵，這項高鐵建設就如英法高鐵一
樣，將會影響兩國的經濟與生活型態。

　　需注意的是，馬來西亞和新加坡目前畢竟是兩個國家，
光是過海關，就要花上大把時間，因此馬新高鐵對房地產的
影響，不能全用台灣高鐵經驗來套用。

新加坡的反思

目前新加坡的房價已高，也造成當地人的反彈。

新加坡注重國家長遠利益，在房價無節制的飆漲下，造成一種危機：有約80%的新加坡居民住在政府興建的組屋中，只有不到20%的有錢人會在新加坡買房居住。

沒有人希望自己的國家有絕大多數人無法「安居樂業」，新加坡政府自2009就開始一連串的打房政策，卻不見奏效，直到2013年一條法案通過，終於抑止了房價的上揚。不但抑止，而且還讓房價往下跌。

這條法案就是：**房貸不得超過收入六成。**

政府規定：**買房民眾每月的貸款額不得超過收入六成。**這條法案建立在人民真正的所得與消費能力上，確確實實打擊了建商與仲介炒作的機會：不管你房價喊多高，只要你收入不夠，就是不能貸款。

另外，政府同時規定建商：**若建案完工後兩年內沒賣完，將依戶數與售價按比例罰款，且逐年增加。**

而造成房價高升的主因──外資，新加坡政府則是祭出18%的印花稅，讓投資者的購屋成本大為提高。

這樣的打房政策，讓新加坡豪華公寓的銷售量跌了一半

以上，曾經漲幅最高的聖淘沙成了重災區，一棟原本在2007年7月，700萬新幣的豪宅，去年的價格，剩下400萬新幣，幾乎腰斬。

從新加坡的經濟起飛，途經房價飆升，到如今新加坡房市冷卻，我們可以學習到：

1.其政策與領導人大大地決定了房價的漲與跌。

2.慎選產品，研究供需。

市場永遠在變化，巴菲特已經教導我們很重要的投資原則：

「在貪婪的時候恐懼，在恐懼的時候貪婪。」

「物極必反、否極泰來」已是自然界定律，那些在SARS、金融海嘯房價低點進場的人賺了大筆財富，反之你也必須常常思考：「房地產與股票不同，當房價處於高點的時候，要留房子還是現金？」答案沒有絕對，每個case都不一樣，端看你這間房子的用途是什麼。

慎選產品，絕對是投資房地產的不二法門，曾經有雜誌報導：「沒有Aaron賣不掉的房子。」答案只是因為我知道如何挑產品、為產品挑選合適的客戶，因此培養你對市場與產品的敏感度，是你投資海外市場的重要學習方向。

STAGE 6-3 溫和佛教國家──泰國

若談到泰國，你會想到什麼？

除了變性手術外，還有佛教、辛辣食物、設計，對吧？

相信各位讀者也可從媒體渠道得知近年泰國政局動亂、人民示威、軍方發動政變等新聞，令想去泰國遊玩的旅客退避三舍，而投資者也頻頻不安。

發動政變一事，無論過去政府有多少政策、多少重大建設，只要風雲變色，一切都不再適用。

政變是國家大事，一旦發生政變，對人民的現在與未來肯定有翻天覆地的變化。而光是過去四年，泰國就換過三任政府，而這對泰國人民，似乎是稀鬆平常。

這樣的政局，固然令投資者心理不安，然而，信仰對人們的重要性就在這時被突顯出來。

身為佛教國家，泰國人民彷彿習慣了「放下」。

根據當地人所述，政變對當地人來說，是另一個世界的事一般，歌照唱、舞照跳，軍方雖然有一些限制，但是對人民影響不大，就像我們的紅衫軍還有學生占領立法院事件，進行抗爭，但是多數民眾並不覺得是國安危機。

　　例如，泰國在軍方2014年五月政變後，曾發布戒嚴令，宣布宵禁，禁止民眾夜間出遊。

　　這個宵禁僅僅在六月就全面取消。而原因呢？竟然只是為了即將開踢的世足賽，要讓大家盡情享受球賽的樂趣而已。

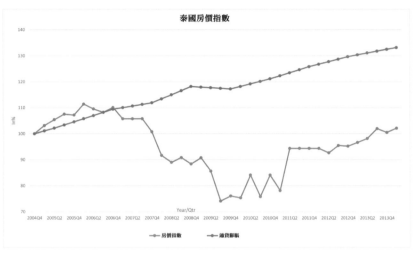

表6-1　2004～2013泰國房價走勢圖　參考來源：Banco Filipino

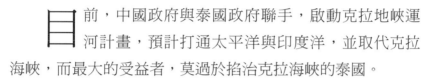

STAGE 6-4 泰國的捷運線

目前，中國政府與泰國政府聯手，啟動克拉地峽運河計畫，預計打通太平洋與印度洋，並取代克拉海峽，而最大的受益者，莫過於掐治克拉海峽的泰國。

此外，中國政府也展開高鐵外交，打造雲南全泰國的高速鐵路，這條高速鐵路，將會改變人們做生意的模式，同時也帶動整個東協經濟成長。

同時，2015年，泰國會有25項社區型購物商場開幕。

此外，泰國目前也規劃13條捷運線，其中八條為主要路線，五條為次要路線。

主要路線：

紫色線：挽艾—道本，全長23公里，16個站，2016年啟用。

藍色線：華喃峰—挽開—挽賜—他帕，全長27公里，共21個站，2017年啟用。

深紅線：挽賜—藍實，全長26.3公里，共10個站，2018年啟用。

淺紅線：挽賜—大玲昌，全長15公里，三個站，2018

年啟用。

深綠色線：素坤逸107巷—北欖，共13公里，10個站，2019年啟用。

淺綠色線：挽哇—大玲昌，共7公里，設6個站，目前待批准，預計2019啟用。

橙色線：大玲昌—民武里，共39.6公里，設30個站，目前待批准，預計2021啟用。

機場延長線：帕雅泰—廊曼，共21.8公里，設5個站，預計2021年啟用。

五條次級路線：

灰色單軌捷運：瓦察臘蓬—通羅，共39.91公里，共39個站，2019年啟用。

桃紅線：科萊—民武里，全長34.5公里，共30個站，2020年啟用。

黃色線：叻拋—尚隆，共30公里，2020啟用。

輕軌線：挽那—素汪那蓬機場，共18.3公里，9個站。

藍色單軌：鈴丹—唪提路，5.8公里，7個站，目前規劃中。

曼谷與台北極為相似，捷運站周圍，房價都較高，捷運沿線都是值得留意的標的。

地表最強區域經濟帶：
一帶一路

現在的泰國，尤其是曼谷，無論陸運或海運，都是東協諸國中最大的機會擁有者。

為什麼呢？海運方面，前章節已介紹克拉運河計畫與泛亞鐵路，本節要介紹兩者背後中國的超級戰略布局：「一帶一路」！

在中國境內，時速超過200公里的高鐵總長度已超過19000公里，是全世界總距離的一半。

習近平任內，中國的國內生產毛額（GDP）、購買力平價（PPP）等經濟指數已超越美國；不僅如此，中國外匯存底達120兆元，2014年吸引外資3兆8000億元，也超越了美國。

中國坐穩全球第一大經濟體位置的日子，指日可待。

夾帶如此龐大的財力，被喻為現代漢武帝的習近平，終於要攻城掠地一番。首先著手的就是經濟命脈：基礎交通建設。

一帶指的是「絲綢之路經濟帶」；一路指的是「21世紀海上絲綢之路」。在「一帶一路」的超級戰略下，「泛亞鐵

路」、「克拉運河計畫」等重大建設，只是前菜中的沙拉與奶油酥皮濃湯。

　　古時的駱駝、馬匹，搖身一變成了高鐵，明朝鄭和的木製戰艦，也變成了油輪。

　　在「一帶一路」的範圍中，包含了：

1. 660兆元GDP的經濟規模（全世界1/3總量）。
2. 服務與貨物出口佔世界24%。
3. 沿線國家：66個。
4. 覆蓋人口：44億（全世界63%總量）。
5. 歐亞鐵路總長：8.1萬公里。

　　試想某天，你早上在南寧運動吃早餐，中午到吉隆坡布城開電動車，晚上到新加坡濱海灣看夜景，然後在金沙酒店睡一晚。

　　原本極難辦到的事，在「一帶一路」與習近平的強硬手腕下，機會大為增加。

　　一帶一路尚未正式完工，歐洲列強、東協諸國已有「萬邦來朝」的趨勢，包括：

1. 2003年到2013年間，中國與一帶一路途經國家貿易平均提升達19%。
2. 2013年，中國與一帶一路途經國家貿易總額，佔中

國外貿1/4的總額。

　　3. 在旅遊與物流方面，未來五年，一帶一路途經國家優先受惠於中國的出境遊客5億人次、進口總值超過10兆美元的商品。

「一帶」直搗石油輸出國

　　我們都知道，臨海城市，尤其是有港口的城市，由於貿易興盛，容易成為一線城市；而內陸由於交通不便，因此從歷史的軌跡來看，近百年來，內陸城市發展的速度總是比臨海城市慢上一些。

　　然而，這個共識是建立在路上交通不便的前提下，而「一帶一路」正是為了補強陸路的不足。

　　尤其，過去兩百年來，海權當道，大不列顛更靠著海軍成為歷史上規模最大的「日不落帝國」，比成吉思汗的蒙古帝國更勝一籌。

　　在海運興盛的時代下，臨海城市的發展程度，通常略高於內陸城市，這意味著以發展潛力來看，內陸城市的發展潛力比臨海城市更大，而「一帶」將會大幅提升發展速度，開發潛力無窮的「路上藍海」。

　　同時，全球的資源依舊仰賴石油，而中國已成為石油輸出國的最大買家，是許多石油輸出國極欲拉攏的對象；另一方面，美國由於頁岩油革命成功，石油進口量降低，導致油

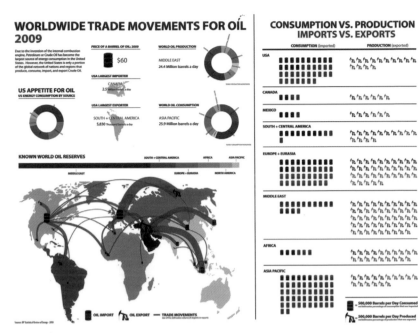

圖6-3➤石油輸出國流向圖

價崩跌，間接提升中國與石油輸出國的親密度。

在許多背景條件下，中國將有一定籌碼與石油輸出國談判兩種可能性：

1. 在中東與俄羅斯拉起油管，改變石油運輸方式。
2. 要求石油輸出國，把交易貨幣從美元改成人民幣。

「一路」突破美軍海上封鎖線

目前，海上的霸主仍然是美國。美國海軍第七艦隊、尼米茲級航空母艦，在軍事迷中耳熟能詳。

在前章已提及馬六甲海峽的重要性，而馬六甲海峽是非不斷，在泰國的引頸企盼、中國「一帶一路」的戰略下，新的運河「克拉地峽運河」終於有了眉目。

馬六甲海峽目前佔有東方國家70%的原油運輸量，而美國海軍在新加坡有個駐軍。只要這條海峽在美軍的「保護」下，不管是台海主權問題、越柬衝突、南北韓對立、中日翻臉等，美國都有機會藉新加坡之手從中「協調」、「關心」。

但是當更近、更安全的海運路線——「克拉運河」被打通，馬六甲海峽就不一定是海運的必經之路了。

而整個「克拉運河」計畫的最大股東是誰呢？

中國這「一路」，漂亮的突破美國海軍強大的封鎖線，間接提高軍事影響力。

只是克拉運河何時正式運行？沒有人說的準！

佔據天時與地利的泰國

總和前章節的亞投行、克拉運河、泛亞鐵路、一帶一路等重大建設，泰國真的是東協黃金十年中值得好好關注的國家。

泰國的房價相對親民許多，租金回酬大約為5%~6%，值得留意的是，泰國是一個非常國際化的城市，擁有許多觀光資源，是旅行者的天堂，因此可以投資的產品相對多元化，包含百貨公司商場租賃、套房長租與短租……許多不一樣的產品。

投資者在選擇時，需要確切了解當地市場，另外，泰國貸款成本為7%，因此現金購買是較好的方式。

泰國沿線的捷運站四通八達，市中心區域房價已來到每坪65~75萬，而部分較為偏遠的捷運站，還有一坪25~30萬的價格。

論「天時」，東協諸國蓬勃發展，百花齊放，在2015年東盟攜手成立時，每個東協國家都有機會成為未來的超級經濟體；同時，亞投行、一帶一路等中國王牌，持續打出，促成東協利多市場。

　　論「地利」，曼谷在泛亞鐵路東南亞線路的中心點，是泛亞鐵路的重中之重；而克拉運河更是開在泰國領土內，無論陸運、海運，曼谷都會是東協各國中，最大的機會擁有者。

　　但若提到「人和」方面，儘管目前泰國軍政府已經解嚴，人民也用「放下」的心態接納變局，泰國政局依舊是處於動盪的狀態。

　　泰國位於泛亞鐵路東南亞路線的中心點，也是克拉運河的中樞國家，民風純樸、對外族相對接納等種種利多因素，但當政局有變化，投資就有機會產生風險。

　　研究房地產一段時間就會知道，為了保護買賣雙方的權益，房地產是一門非常需要用法律來制約的行業，而在政局擁有大量變數的狀況下，當地目前的法令，是否在領導人換人後，仍保持舊有形式，是個未知數。

　　回到巴菲特的投資原則「安全保本」，我個人也看好泰國，只是目前雖然政局上看似平穩，仍需要留意泰國各政治人物權力的平衡。為了投資者的資金安全，建議暫時先以觀望、研究為佳。

　　至於如何研究，如何觀望？跑在我身邊學習是最快的！因為我會教你走一遍「麥當勞致富計畫」！取得「每日成資」：http://goo.gl/0cRxff

Chapter

7

近年寵兒
——柬埔寨

Invest in ASEAN

馬雲先生曾說：

「什麼是『機會』？人人都在抱怨的東西，你把它解決了，這就是『機會』！」

馬雲先生說得很好，他的阿里巴巴解決了中國農民銷售通路的問題，於是阿里巴巴在美國上市。

瀏覽世界許多卓越的企業，都是因為解決了人民某部分的需求，於是擁有了高知名度或是高股價。微軟、蘋果、Google、臉書、麥當勞、星巴克、沃爾瑪等，都解決了人民生活、商業或飲食的需求。

因此，這世界上處處是機會，因為人人常常有抱怨。只是你有沒有辦法把這些抱怨解決、變成一套系統、成為這個系統的所有人而已。

回到正題。與許多國家一樣，柬埔寨也是個貧富差距極大的國家。

在柬埔寨的農村生活中，農民絕大多數是住在茅草屋裡；而小康的農民呢？住的是木屋。

在柬埔寨農村，無論是一般農民還是小康農民，仍然保持著台灣三、四十年代那樣簡單的房子，幾乎毫無基礎設備可言；而首都金邊，則呈現了完全不同的風貌。

就如前章所述，為什麼投資房地產時我習慣投資一個國

家的首都？原因在於首都擁有最豐沛的資源，也是一個國家的門面與形象。

正在蓬勃發展的柬埔寨也證明了這件事，柬埔寨的所有建設都是以金邊為中心，往外緩慢擴散出去。只不過他們的發展方式也與古早時代的台灣與大陸一樣。

以中小企業為核心

與台灣過往一樣，柬埔寨以成衣業與觀光業為大宗，但光靠這兩個領域，無法讓柬埔寨經濟成長為已發展國家。

在成衣業方面，WTO取消了對紡織品的配額；在觀光旅

圖7-1 柬埔寨農村生活

遊業方面，又易受到天然災害與旅遊淡季的影響。

同時，說到柬埔寨，各位讀者會想到什麼地方觀光？除了吳哥窟，別無他選，對吧？

柬埔寨政府體認到自家的經濟過於集中成衣業與觀光業，因此將以促進各式中小企業的茁壯為發展重點。

👆 加強基礎建設

剛剛提到，人人都在抱怨的東西，你把它解決了，就是一種「機會」。

柬埔寨的電力是一種昂貴又不普及的資源，這對習慣住在台灣的我們來說，沒有電是很不習慣的。

正因大家都覺得不方便，柬埔寨就決定解決電力缺乏的問題。當局建立了長達438公里的電路網，並引進陸資，擴大發電設備與電路網。

目前，柬埔寨每年產生1359兆瓦的電力，已經有一半的家庭可獲得電力。而為了加快資源獨立的腳步，柬埔寨政府決定中止進口電力長達三年，並不排除興建柴阿潤水電大壩的可能。若該水壩完工，將能提供108兆瓦的電力。

儘管電力價差極大，基礎建設的完善化還是明顯提高了外資進駐柬埔寨的意願。

外資的進駐直接強化了柬埔寨的經濟體，並帶來一個正向的房地產投資循環。只是這個循環是否穩固、健全、長久？還是未知數。

開發經濟特區

柬埔寨計畫開設27個經濟特區，目前已經有三個經濟特區正在運作，分別是「金邊特別經濟區」、「曼哈頓經濟特區」、「西努哈克港經濟特區」。

其中「曼哈頓經濟特區」是由台商協助開發與經營，而「西努哈克港經濟特區」則是由大陸企業協助開發與經營。

柬埔寨仍被聯合國列為「低度開發國家」，而且是少數在東南亞國家中以「低度開發國家」身分進入WTO的國家。

在加入WTO後，柬埔寨大方開放外資進入，1994年柬埔寨制定了投資法，由「柬國發展委員會」作為私人及公共投資之最高決策機關。

在柬埔寨，只要你願意為當地投資基礎建設，就可以在當地留下自己的名字，俄羅斯在柬埔寨蓋了一條路，這條就叫做「俄羅斯大道」；日本幫忙蓋了一條橋，這就叫做「日本橋」。柬埔寨正在大量的吸取外資，並且透過各種管道，取得基礎建設。

STAGE 7-1 值得關注柬埔寨的九個理由

之所以要介紹柬埔寨，其中一個很重要的原因，那就是：

柬埔寨的自來水可以喝。

被歸類為「低度開發國家」的柬埔寨，能有這樣的水利工程，怎能不好好研究一下？

另一個值得關注的議題是，自2008年金融海嘯，全世界的國家都遭到重創，湄公河周圍的五個國家——泰國、寮國、柬埔寨、越南、緬甸，這其中只有柬埔寨是在金融海嘯後唯一一個經濟迅速復甦的國家，其紡織品與服裝業的出口是主要功臣。

我個人對柬埔寨的刻板印象，比當初對馬來西亞更落後一些。

柬埔寨目前還是君主立憲系國家，國王採終身制，擁有絕對軍權，軍人的權力非常大。政壇強人洪森執政三十多年，曾經發動政變，趕走當時惡行的紅色高棉，並把柬埔寨帶向開放，因此頗受柬埔寨人民歡迎。

洪森執政期間，柬埔寨的各項生活水平明顯提升。2012年，柬埔寨股市開市，市場上唯一的商品就是「金邊水務

局」，因其先進的水利技術大賺其錢。

有些報導能看出，柬埔寨政府為了盡早開發，對企業大方「放水」的情況。比如，為了解決繳稅的問題，政府在2015年1月宣布，對逃漏稅的企業網開一面，包括身為國營企業的金邊港口。

身為國營企業還逃漏稅，有點令人匪夷所思，彰顯柬埔寨法令鬆散的程度，而柬埔寨政府的解決方式，不但對金邊港口的逃漏稅和罰款一筆勾消，連帶協助其在證券所上市，另兩家預計在2015年上市的還有金邊經濟特區與台雅國際股份有限公司。

另外，柬埔寨的貧富差距極大，隨處可見到時代的「舊」與「新」。一條路往往一邊林立著30層樓高的繁華大廈；另一邊，則是許多矮舊的老房，還有紅色高棉時期留下的彈痕。

柬埔寨這種突變式的進化，源自於東協設立當初，東協諸國必須放棄任何威脅與動武的手段，並且須以和平的方式解決糾紛與歧見，而東協成立的任務之一，就是防止區域內的共產主義勢力擴張。

因此，若柬埔寨想要加入東協，就得捨棄過去的作法，昂首面對世界各國的注視。

老實說，柬埔寨原本不在我的口袋名單中。因為我在東協的投資，是為了陪伴當地的學生，教會他們什麼是真正的「麥當勞致富計畫」，只要看懂了「時間差」，光是「大吉

隆坡計畫」提供的機會，已經足以讓我們忙碌了。

　　一直到碰到其中一個學生——劉蘊葳小姐，她作為柬埔寨的投資顧問，很用心整理很多柬埔寨的資料，我才開始去關注柬埔寨，並且親自到柬埔寨實地看看。

　　如前章所說，當克拉運河打通，受惠的周邊國家包括泰國、馬來西亞及柬埔寨，而泛亞鐵路東南亞走廊的東線，也會經過金邊。

　　在地理位置上，柬埔寨享有類似馬來西亞的優勢；柬埔寨同時也是一個非常年輕的國家，正是房地產準備「需求」大於「供給」的時候；最後，柬埔寨的R.O.I.（投資報酬率）很高，遠遠高於台灣。

　　只是讀者要考慮後續接手問題，當然如果可以買土地就會更安全、獲利更多。

圖7-2❖柬埔寨的投資九大優勢

STAGE 7-2 重大建設與供需法則

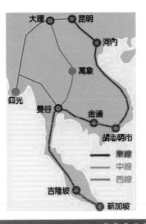

圖7-3✿泛亞鐵路東南亞走廊

我們先從重大建設看起。

泛亞鐵路從新加坡開始，由南至北經過吉隆坡，再到曼谷，以曼谷為中心點，分成三條路線散射出去。

而寮國與柬埔寨由於正在快速發展，各種重大建設百廢待舉，搭上泛亞鐵路的順風車，投資者可以先行研究、布局。

另外，馬來西亞和柬埔寨的人口以30歲上下為主流，這個年齡層的人再加上政府當局的政策，就有點像台灣當時蔣

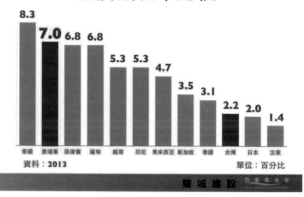

圖7-4❶東南亞各國經濟成長率

經國時代那樣,國家蓬勃發展,重大建設持續加蓋,那個年代房地產狂飆,做什麼都賺,被稱為「經濟奇蹟」的時代。

如果你錯過了台灣當時的經濟奇蹟,不妨趁這次利用「時間差」,好好研究一下東協市場吧!

圖7-5❶柬埔寨人口分布

STAGE 7-3 包租公最愛的R.O.I.

我在房地產領域的學生遍及全台、新加坡、馬來西亞、中國大陸等地方，其中台灣投資房地產的部分學生，很喜歡選擇高投資報酬率的物件，因為這樣的物件可以讓他們產生現金流，只要找到好房客、或好的代租業者，就不用擔心房貸的問題。

在台灣，我自己偏好資本利得，因為我遵守「麥當勞致富計畫」，有足夠的Holding power，因此我會重視該區房地產十年、二十年以上的發展狀況，這麼做的好處是不太需要

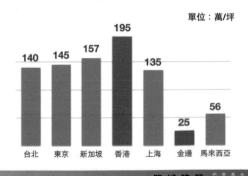

圖7-6 ⛫ 亞洲首都房價比較

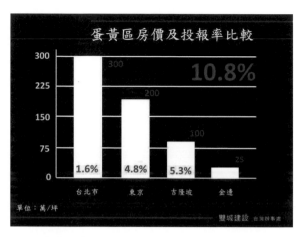

圖7-7 柬埔寨之投資報酬率

管理，而且若投資到蘋果物件，通常就會賺到高額的價差。沒有一定的對與錯，這是跟人們的個性與過往的經驗有關。

柬埔寨的房價比其他諸國便宜，目前卻可以收很高的房租，一間一房大約20坪（約60平米）的產品，可以租到2000美金，如果是喜歡高租金收益的包租公讀者，不失為選項之一。

因此，雖然柬埔寨沒有馬來西亞賽城般全球百大企業進駐的盛況，目前仍有六家台灣的銀行搶攻柬埔寨，打算佔有柬埔寨金融界的一席之地。

根據柬埔寨當地的房地產專家表示，郊區的租賃需求一直呈現平穩的成長曲線，金邊別墅過去幾年的需求與供給並未有明顯的增幅，而金邊的公寓項目並不多。

根據我實際的考察，柬埔寨目前的租賃市場，仍是屬於

圖7-8 台灣銀行進駐柬埔寨

外國人較多，由於政府開放政策，大量吸引外資，許多國外的人進入當地工作，對居住的品質和安全性有較高的需求，此類產品又短缺，因此造成租金居高不下。

　　另外，柬埔寨也有少數的指標性建築，例如「黃金大廈42層」、「富榮商業城」等。「黃金大廈42層」之前因金融海嘯延宕，預計2015年6月重新動工；而「富榮商業城」則是七棟18層樓的大樓，由韓國開發商斥資10億開發，預計2018年完工。

STAGE 7-4　柬埔寨的機會與挑戰

基礎建設提升了，就有外商開始願意進入柬埔寨，這表示當地房地產租賃的需求量提升了。

需求提升，但供給量不足，造成房價上揚的機會。不只房價上漲，由於柬埔寨基礎建設不足，房屋總價低廉，外商所得又高，造成柬埔寨租金收益率比其他東協諸國高。

現階段，租客願意支付高額租金，使得投資者預估十年到二十年，即可拿回投資本金，造成投資客趨之若鶩，而建商也跟著越蓋越多。

建商的行銷與宣傳，造成部分投資者組成考察團到柬埔寨觀光，這些投資者不乏懂得運用「時間差」建立跨國企業的高手，有機會替柬埔寨注入新的產業活水。

已開發國家的經驗與資源，會刺激柬埔寨當地的產業，就如同大陸近年來從台灣學習「軟實力」，而台灣也常從西方世界取經一樣，柬埔寨也會從外商學習，這會讓柬埔寨進步，為未來的「亞盟」鋪路。

然而，**真正的機會來自於幫別人解決問題**，並非建商行銷文宣或當前數據所呈現出來的表象。

　　柬埔寨基礎建設不足、生活水平不足、消費體驗不足、知識水平不足。柬埔寨有太多的不足，而這些全是機會點，若讀者能解決一項，那便能享受到「時間差」帶來的商機。

　　以建商為例。目前建商的主要客戶來自於外資，而其價格是柬埔寨本土人民難以負擔的，若有人能增加當地人的收入，就有機會賺「時間差」的財富。

　　另外不可忽視的一點是當地人的學習能力，當地開始有許多人，學會投資公寓出租給外國人。柬埔寨是個處處充滿「機會」的地方，而每個投資者對「機會」的定義不同。「機會」不全然是房地產所帶來的短期上漲，像柬埔寨這樣低度開發的國家，到處都是外資能一展所長的機會。

圖7-9　金邊舊城區

　　柬埔寨最繁華的金邊，處處是各式各樣的公寓與大樓，從系統與整體規劃等層面來看，柬埔寨的規劃並不如馬來西亞與新加坡嚴謹，也不像馬來西亞一樣重視「綠化城市」的概念，但國際級的設計師正進入柬埔寨，這些能夠改變柬埔寨城市風貌的物件，就是可以研究的標的。

　　而三大經濟特區中的「曼哈頓經濟特區」是輕工業區，目前除了廠房還是廠房。

　　至於「西哈努克港經濟特區」，若該區有獨特的物件能一覽美麗的西哈努克港，那很大機率會是該區的蘋果物件，尤其西哈努克港在2015年的淨利較2014年多了16.17%，吞吐量與貿易數量大大提高，加上其觀光優勢，若負責開發當地

圖7-10　金邊商業區

圖7-11 西哈努克港

的企業看得夠遠，用心經營，不失為一個可值得期待的地點。

　　柬埔寨國土比台灣大上許多，卻是低度開發國家。我們比較馬來西亞與柬埔寨的經濟特區，發現兩者截然不同。這表示，柬埔寨若要進入已開發國家，還有很長的路要走。

　　投資者若要投資柬埔寨，必須謹慎小心，真正值得投資的黃金地段，永遠是經過謹慎規劃、景觀優美、生活便利、有穩定需求量的地區，這種地區的房地產才有投資十年以上的價值。

圖7-12 柬埔寨皇宮前

　　舉例來說，柬埔寨的桔井省近年的地價上漲，有些土地原本7000美金，卻飆漲到20000至25000美金，原因在於該地的旅遊業開始蓬勃發展。

　　旅遊最重視的是什麼？舒適、宜人的異國體驗對吧？

　　所以能否保持當地原始的自然景觀，再融入些許便民的文化設施，是旅遊結合房地產很重要的關鍵。

　　另一個例子是，「中國與東盟交流協會」斥資12億美金，在柬埔寨金邊東方100公里處，擬打造佔地10000公頃的中國城項目。這個項目結合文化、旅遊、養老與教育四大領域，並且希望遷入50萬的中國人口進入，投資者有興趣不妨多多關注。

　　柬埔寨天然資源豐沛，是塊未開發的寶地，只是目前柬埔寨的法令結構鬆散，往往遇到問題才開始立法。

圖7-13　柬埔寨湄公河

圖7-14◆柬埔寨車水馬龍

在馬來西亞，如果建商覺得他們的案子缺乏景觀與湖泊，開發商會自己造一座人工湖；柬埔寨剛好相反，建商反而是把水填平，在上面蓋房子。

由於植被極少，柬埔寨到處是飛沙走石，只要一下雨，就會開始淹大水，因此，慎選你投資的物件和地段，能夠免於這些困擾。

在我到訪柬埔寨的幾天內，巧遇許多上過我課的學生與朋友，他們全都是來考察房地產的。柬埔寨由於房地產交易稅賦低廉，當地慣用美金，並把自己定位成「美國第51州」，因此讓許多投資團不斷進入當地炒房，炒房團包含來自馬來西亞、新加坡、台灣、香港……。

若單單比較馬來西亞與柬埔寨，也不難看出投資團進場

炒房的原因：

買屋：柬埔寨低門檻、高投報率，無匯差風險。

項目/國家	馬來西亞	柬埔寨
買賣交易幣別	馬幣	美元
買房最低金額	100萬馬幣	無
房屋移轉律師費	買賣合約律師費25%	單筆200~300美元（含預售屋簽約）
契稅	房屋成交總價3%	房屋公告現值4%
租金淨投報率	3~5%	6~7.5%
買屋仲介費	2%	0~2%

表7-1🏠大馬與柬埔寨買屋比較表（p.s.以上僅供參考，實際情形視當地法令。）

賣屋：目前柬埔寨法令結構鬆散，短期炒房利多。

項目/國家	馬來西亞	柬埔寨
公司資本利得稅	0~3年售出：課稅30% 4年售出：課稅20% 5年售出：課稅15% 6年後售出：課稅5%	14%
個人資本利得稅	0~5年售出：課稅30% 6年後售出：課稅5%	10%（尚未執行）
賣屋仲介費	2.75%	2~3%

表7-2🏠大馬與柬埔寨賣屋比較表（p.s.以上僅供參考，實際情形視當地法令。）

養屋：柬埔寨R.O.I.高，包租公最愛。

項目/國家	馬來西亞	柬埔寨
地稅	每平方公尺馬幣0.06元	無
門牌稅	每年繳兩次，每次馬幣500~2000元	0.1%
租金所得稅	26%（可減免地稅、門牌稅、房屋保險、貸款利息等）	10%（目前法令，僅需「公司購買」才需繳稅，「個人購買」尚未執行）
物業管理費	每月租金5~8%	每月租金5~10%

表7-3 個人馬與柬埔寨養屋比較表（p.s.以上僅供參考，實際情形視當地法令。）

成本：柬埔寨低成本，高投資報酬率。

項目/國家	馬來西亞	柬埔寨
買屋成本（含契稅、律師費、仲介費等，佔買屋總價比例）	5.8%	2.2%
賣屋成本（含契稅、律師費、仲介費等，佔賣屋總價比例）	8.5%	2%
投資報酬率	4%	15.3%

表7-4 個大馬與柬埔寨成本比較表（p.s.以上僅供參考，實際情形視當地法令。）

由於柬埔寨買賣用美元交易，無匯差變數；低門檻，目前外資無最低投資額度；少稅收，為了鼓勵外資湧入，政府門戶大開；短期售出低課稅，適合短期資金運用……等原因，造成許多仲介、發展商、投資客，紛紛進入，從2014年下半年以來，每班到柬埔寨的飛機幾乎全滿，甚至21世紀不動產的總公司，都發現當地的交易量大，因而進入柬埔寨設立公司，而當地的物價，更是台灣的1.5倍。

目前的柬埔寨市場有跑紅單（短線轉手）的價值，所以幾乎全是投資客進來，但讀者需要留意建商是否財力足夠、投資客的數量是否夠大、投資需要投資第一手，並且隨時留意市場動向，避免自己現金套牢、難以脫手。

圖7-15 柬埔寨金邊街景一角

如果你要在柬埔寨做租金收益，最好多考察當地許多棟「只租不賣」的產品，了解入住率是否夠高、租客是否有長期續租的需求，如此才可以判斷市場出租的前景。

以我在柬埔寨的考察經驗，日本有一棟「只租不賣」的產品，晚上的「亮燈率」只約占一半。儘管我能觀察該物件的時間有限，但夜晚「亮燈率」依舊是出租率的重要參考指標。因此每筆投資是否都能獲得穩定的租金收益，投資者必須長期密切關注，做足功課。

另外，馬來西亞在過去也有經歷過此時柬埔寨低房價、高投報率的投資環境，但後來馬來西亞政府提高了投資門檻，房價漲幅漸緩，部分國際熱錢便轉往短期投報率較高的

柬埔寨投資潛在風險		
風險一	賣掉才有真正的營利	據統計，目前購買柬埔寨房產的外資居多，當地人只有佔20%，人民購買力不高，因此當房價越高，脫手的門檻就越高，風險越大。
風險二	現在課稅低不代表未來課稅低	柬埔寨政府相對不富有，目前已對新車與豪華車課重稅，難保房地產不會是下一個對象。
風險三	地段、地段、地段	房地產真正的大錢是資本利得（買賣價差），而現金流方面，柬埔寨的定存不會比租金收益差；同時過度無節制的開發，未來容易有交通擁擠的狀況產生，須研究整體交通布局，避免投資到未來的交通黑暗區。

表7-5 柬埔寨潛在風險列表

國家。

　　柬埔寨是否會走馬來西亞當年走過的路，有待商榷，尤
其相較於已成法治國家的馬來西亞，柬埔寨還是屬於比較人
治的社會，法令結構較為鬆散，因此在當局新增、修正相關
法令時，投資者就有機會產生風險。

　　最後，以柬埔寨目前的漲幅來看，現在的投報率真的每
年能高達二位數嗎？能維持多久？這個問題就留給讀者細細
思索吧！

　　總結而論，若是習慣進行長期投資的投資人，在柬埔寨
將會遇到挑戰，因為柬埔寨就像40年前經濟起飛前的台灣充
滿機會，但同時也是高度人治的社會，需要持續的關切這個
市場的動態，鼓勵你不妨抽空前往柬埔寨一覽，好好評估一

圖7-16 貧富懸殊的柬埔寨

圖7-17 ⊞ 柬埔寨民眾日常生活

下，說不定會有意外的驚喜。

　　最後，我要再度強調「創造價值」的重要性。本書提及的知識只是房地產的冰山一角，真正獲益的房地產高手，和創業、管理、行銷有密切的關係！

　　如果讀者真的想知道東協哪些地段有機會誕生蘋果物件，由我親自帶領、指導是最直接的方式。

　　限期、限量、報名窗口：http://goo.gl/Ffbhv0

8

投資房地產
是門藝術

近期馬雲先生的演講，給我很大的感觸；或者該說，馬雲先生的演講，對那些創業時遇到許多挑戰、最後克服萬難的先進們來說，一定會有很大的感觸。

馬雲先生2015年3月3日在台灣的演講中提到：

「最大的財富，是因為我們習慣失敗。」

如果不是我曾在房地產燒掉這麼多錢，我不會用更精準的眼光來看待房地產這個產業。

就如馬雲把自學英文、當英文老師六年、出國旅行的經歷當作創業的資產一樣，我的破產、在美國拜師學藝、轉戰直銷、連鎖店、教育訓練產業，這些經歷讓我再回到房地產領域時，我懂得用不一樣的眼光來看待這個領域。

房地產不再只是數字遊戲、不再只是現金流與資本利得的取捨。它以談判為中心，結合了管理、行銷、建立團隊、商圈經營、長遠投資、移動互聯網等領域，它已經成為一門創新與創造的產業，它是門藝術，更重要的是，在高獲利、高門檻的房地產領域，人性在其中表露無疑。

本書在2015年6月16日出版，在資料、數據和相關法令方面，由於世界變動的速度太快，因此這十年內一定會有所變化；而知識與實務面，卻是我自己這三十多年來的累積，也是我自己正在實踐的，相信足以伴隨讀者走過東協黃金十年，掌握趨勢，賺十年！

本書出版的目的無他，只是希望能協助各位讀者以更長遠、更精準的視角來投資房地產，而不是聞雞起舞、人云亦

云；當讀者未來遇到東協的房產投資機會，不妨翻翻本書，可以幫助自己保持冷靜，進而篩選黃金地段與蘋果物件。

至於如何選黃金地段？如何選蘋果物件？先投資自己的腦袋，是不二法門。選擇跟隨價值觀偏離、虛報績效的教練，會產生極大風險！反之，跟隨價值觀正直、擁有實際績效的教練，紮實執行「麥當勞致富計畫」，則有機會取得和我類似的成果，因為我自己也是這麼走來的！

我的教練在20年前月收入6000萬台幣，其團隊擁有17個企業體，所以我選擇用已經被證明成功有效的方式翻身退休，並想把我教練的智慧傳承下去，讓人們因跟我們接觸，生命變得更美好！

因此，在投資自己之前，「識人」的本領至關重要。「識人」的能力放在房地產，就能找到好的建商、好的仲介、好的團隊，他們會把你當自己人保護，挺你到底，這比任何蘋果物件的價值更高！

反之，若遇到不肖建商，則會以一坪80萬台幣的價格，賣給你旁邊是公墓的案子，並以「市中心」當作建案的利基點，卻不管接手者的死活！

這種道德、這種行為，不該出現在禮儀之邦，不是嗎？

STAGE 8-1 獨特賣點的好產品

聽我演講的學員有很多，而我的演講內容大部分會談觀念、談價值觀、談全新的生活型態、談趨勢、談未來、談故事、談系統、談學習、談傳承。

我還記得我年輕做房地產時，早上看到的房地產牌價，如果當下沒有做決定，下午再去看，價位又變高了；如果還是沒做決定，晚上再去看，又比下午更高了。

在那個年代，房地產「一日三價」是不稀奇的，因為供不應求，市場規則由賣方定，那時候是賣方市場。但現在景氣趨緩，已經進入買家市場，你需要的是由擁有大量成敗經驗的人教會你評估。

我可以用兩個比較具體的物件，來說明我是如何選完地段後選擇物件的。

如前章所述，一個指標性的建築，將會帶動周邊的房價。那如果你自己就買下指標性建築呢？

回顧一下那些出名的世界奇景或知名建築：自由女神、巴西耶穌像、金字塔、羅馬競技場、巴黎鐵塔、巨石陣、新天鵝堡、倫敦鐵橋、金門大橋、尼加拉瓜瀑布、杜拜帆船飯店、金沙酒店、北京鳥巢……這些建築或奇景，是不是都為

人所津津樂道、聲名遠播呢？

房地產永遠是看「供給」和「需求」的領域。

如果價錢不是問題，那你自己喜歡住在什麼地方呢？

你的住屋需要多大？是什麼格局？有什麼擺設？周邊設施？離市中心多遠距離？交通便利性？每天睡醒與睡前，你想看到什麼樣的景觀？

如果你真的喜歡自己投資的房子，難道沒有別人喜歡嗎？房價沒有上漲的可能嗎？

當你知道什麼樣的物件能真正吸引人，而且是以金錢以外的方式來吸引，你就知道誰會需要這樣的物件，你的投資怎會產生風險？

馬來西亞的新一代建商較具有國際觀，他們看到未來的房地產市場，要與異業結合，就像麥當勞做食品同時也經營房地產。這些新一代的建商已經在思考：「什麼樣的建築能吸引外資進駐？」於是，他們把旅遊觀光業與房地產做了結合。

摩天輪不稀奇，但是如果你家房子上就有一個摩天輪，這樣的產品就很有意思！

The Skywheel，是這個案子的名字，這個摩天輪是請設計倫敦摩天輪——倫敦眼的設計師所設計，而倫敦眼是第一座、也曾經是世界上最大的一座觀景摩天輪。

這個摩天輪有什麼賣點呢？首先，它是世界上第一個從

圖8-1⬜倫敦眼夜景

50層樓高開始搭建的摩天輪,而整個建案高達80層樓。

其次,每一車摩天輪裡面就是餐廳,繞一圈30分鐘,讓你坐摩天輪時順便用餐、又能欣賞空中美景,這樣的設計夠酷吧!

第三,The Skywheel的設計與Planet Hollywood合作。

因此,The Skywheel是一個結合觀光旅遊、商場與房地產的綜合開發項目,這樣的案件類型是屬於收藏品類型,因為獨一無二,非常特別,但卻同時又具有投資的回報率,是投資者可以參考的物件之一。

The Skywheel會吸引你買來收藏嗎?如果會,那麼難道沒有其他人喜歡嗎?

而The Skywheel有幾個？喜歡The Skywheel的人又有多少呢？房地產的供給與需求，永遠是值得細細品嘗的議題。

再舉另一個好地段的例子。

我們都知道選擇物件時，要找重要地標的建設，並且最好選擇在「專家進場前」的時間點。

資訊的落差就是財富的落差。

當你覺得在吉隆坡雙峰塔附近買一間套房是

圖8-2☆The Skywheel概念圖

安全無虞時，其實新市區正悄悄往南移。

因為南方將會蓋一座超越雙峰塔的地標式建築，同時還有許多重大建設、造鎮計畫正在南移，因此當雙峰塔周遭的價格已經跟台北精華地段差不多高時，你就必須開始思考：

「是不是值得在這個時候進場投資這樣的標的？」

「是否有其他類似的標的，但有更好的價錢、可以獲得更好的回酬？」

　　M101 Bukit Bintang就是屬於這樣的物件，它位於一個MRT與兩個LRT的交叉口，旁邊就是整個武吉免登的市中心（Bukit Bintang City Center），只隔一條街，走路20公尺就到，左臨獨立遺產大樓（KL118）——該大樓的高度將會代替雙峰塔，成為新指標建築，向右為敦拉薩金融中心（TRX），可以說是市中心新金三角的心臟地帶，整個M101 Bukit Bintang附近將成為金融、購物、娛樂、商業的發展帶，同時發展商引進星巴克、7-11等國際品牌進駐，並且與Best Western Hotel合作，共同經營旅遊式投資商品，加

圖8-3　M101 Bukit Bintang概念圖

上位於黃金中心點，無論是租金與漲幅皆後勢可期。

同時，M101 Bukit Bintang的店鋪與KL市中心住宅價錢幾乎相當，但由於落腳在黃金位置上，又是店鋪，只要經營管理團隊經營得好，漲幅通常很大，加上該棟的酒店不設立餐廳，因此確保店鋪的收入來源，同時也確保租金價格，是個值得關注的標的。

以住宅價格，買到黃金地段的一樓店面，你有興趣嗎？如果你有，別人沒有嗎？M101 Bukit Bintang的「供給量」有多少？想投資的人又有多少？有時，房地產往往就那麼單純！（本書中p229有更多詳細資訊，錯過這次再等10年！）

除此之外，Mont Kiara中的Metropolis，也有許多足以被稱為「金蘋果」的超稀有物件！

STAGE 8-2 不用錢的房地產

我的房地產老師Tom Hopkins曾教我：「每100間房子，就有3間到5間不用錢，還能賺大錢。」

　　我曾經請我的學生在網路上行銷這句話，有人相信、有人不相信；相信的人們來聽了我的演講，成了我的學生，買了房子賺了錢，生活變得越來越豐富。

他聰明、敏銳、誠實、正直

圖8-4 艾倫與作者

我在上一本著作《當富拉克遇見海賊王——草帽中的財富密碼》一書中，並沒有提及太多房地產的觀念，我想藉著本書最後聊一聊我的好朋友：羅伯特‧艾倫。

　　羅伯特‧艾倫是暢銷書《一分鐘億萬富翁》的作者之一，該書在全世界至少有百萬本的銷量。在《一分鐘億萬富翁》出版前，艾倫的著作是《零頭期款》，也是暢銷書。《零頭期款》之所以暢銷，是因為艾倫在書中教人怎麼善用有限的頭期款買房，取得蘋果物件，而這件事是真的。

　　為了證明這件事是真的，艾倫在寫《零頭期款》前接受了美國媒體的挑戰，當時他的挑戰是：

目標	在美國買一棟房子並且獲利
期限	72小時內
起始資金	100美金

表8-1🏠羅伯特艾倫的挑戰

　　在3天內，用100美金買一棟美國房子並且獲利！？任何沒受過正規訓練的人，都認為這件事是不可能的。

　　結果呢？艾倫不但在72小時內用100美金買到一棟房，該物件後來房價翻倍！有什麼槓桿比這個更高？

　　艾倫與我都有類似的經驗，而且不只一次，我們都靠房地產賺到第一桶金，當然，我們也曾經遇到很多挑戰，而我們也都很幸運，有許多好的導師無私奉獻他們的智慧、他們的資源、他們的故事，讓我們有機會得到今天的績效。

　　未來我將會與艾倫有更緊密的互動，預計10/3我們會合辦一場演講！若讀者想和一東一西兩位房地產老手交流，和我保持連絡是最有效的方式！（每日成資網址http://goo.gl/0cRxff）

　　如果你是房地產新手，那你真的很幸運，新手比較不會被既有的框框限制，就如同孩子有無窮的創造力般，一開始若用更宏觀、更有績效的方式來學習房地產，那麼進步速度就會非常驚人！

　　而我們建議新手學習房地產的第一步，就是：

先去看100間房子。

　　就像學習要循序漸進一樣，先看了100間房子，當你聽到更深的房地產議題時，你才會有一些基本概念。

　　要徹底了解東協房地產有兩個方法：一是跟著我們邊玩邊看房，我們有許多值得交往的好朋友，也經常與東協各國朋友交流，我們也會帶你看各種不一樣類型的房屋，教會你判斷；二是親自在一個國家待上兩個星期，然後不斷的看房子，一樣看到100間以上，如此可以迅速累積你的看房實力，同時了解當地的文化與生活習慣。

　　學習過程中，你或許會錯過很多很好的投資案，包括我所說的「不用錢還能賺大錢的房地產」，也會遇到很多挑戰和挫折，但親身的經驗與過錯才是無價之寶。

　　最後跟大家分享一下，我每次投資一個區域都會先問自己的一些問題：

1.「新區」還是「舊區」？

2. 是否有重大建設？

3. 是否有商場？

4. 是否有醫院？

5. 附近生活機能是否完善？

6. 是否有綠地？

7. 管理是否做得好？

8. 是否有名人進駐？

9. 發展商是否可以信任？

10. 價錢是否合理？

11. 是否含家具？

12. 是否安全？

13. 未來是否有上漲空間？

14. 是否有捷運或大眾運輸系統？

15. 是否具有獨特賣點？

16. 附近是否有工作機會？

17. 是什麼樣的族群生活在這裡？

18. 是否有學校？

19. 在首都嗎？

　　我的祕密武器在於每一次在進入市場前，我都會問自己：**誰手上握有我最重要的資源？**

　　我進入馬來西亞不滿半年，已經在當地開公司、買住家、認識許多發展商與頂尖的人脈，再度重複我以前在新加坡和台灣做過的事，這次速度更快，而這有一半以上不是我親自完成。

　　當你還在房地產單打獨鬥，已經有一群人在打團隊戰！我們希望幫助更多與我們理念相同的人，挑到好的案子、以及公開透明的資訊，而不是運用資訊的落差大賺一筆。

　　2015年5月，UBER（優步）估值達1.5兆台幣，消息人士透露，UBER真正的目的是尋找合作伙伴，而我們相信這是真的！因為好的伙伴、好的教練，才有可能帶給你好的物件，無論創業、投資，「好伙伴」都是不可或缺的基石。

　　我希望每一個與我們合作的人，都能在這個遊戲裡面贏，這才是我們真正要做的。

　　所以，我希望投資「好伙伴」的腦袋，建立「每日成資」的平台（網址http://goo.gl/0cRxff），我也成立「東協投資房地產指南」的Facebook粉絲團，由「好伙伴」協助管理（https://goo.gl/a4dYYm）。

STAGE 8-3 旅行吧！玩賺東協！

我有一批台灣的學生，職業分別是醫師、科技人、媒體記者、網路工作者等，他們與很多人一樣，渴望生命變得更豐盛富足、更自由快樂，因此開始投資房地產。

最後，他們透由人脈網絡的關係，成為我的房地產學生。

我親自帶領他們走訪一趟東協，而這趟旅程從此翻轉了他們的命運，就如同當年我的教練翻轉我的命運一樣！

在投資自己的腦袋後，他們開始懂得用「時間差」來看待這個世界、用更長遠的視野來挑選房地產。後來，他們選擇在馬來西亞置產，並且成立一個網站，把自己買房、學習的經驗，無私的奉獻出來：

《玩賺東協愛買屋》（網址：http://imywoo.com/）

玩賺東協愛買屋 logo

　　「玩賺東協愛買屋」的核心團隊，是由一群熱愛房地產、尊敬並渴望學習房地產領域的人組成。

　　這群人擁有一定的實戰經驗、熱愛學習、做人誠懇踏實、樂於無私奉獻一己所長、而且喜愛分享自己成功或失敗的故事。

　　最重要的是，他們很善良。

　　在談話性節目《富豪面對面》中，當哈佛大學生問比爾·蓋茲與巴菲特：「請問兩位當初是在哪裡認識的？是在我這種大學生不知道的那種富豪會議上嗎？」

　　巴菲特笑了：「是的，我們有那種東西（指富豪會議）。」

　　是的，富豪會議是存在的，有錢人有自己的小圈圈、有獨特的習性、有相同的語言、做著類似的事、有類似的挑戰、過著類似的生活。

　　「玩賺東協愛買屋」的核心團隊也是，他們各自養成一些好習慣，這些習慣幫助他們提升各自的能力，他們的專長互補，彼此截長補短，組成一個極具潛力的學習型組織。

　　如果讀者對東協房地產有興趣，不妨到「玩賺東協愛買屋」看看，交交朋友，你會看到更多東協房地產的文章。

　　這些文章是作者群很用心整理出來的，資料來源多來自作者群的親身經歷、東協當地朋友、以及具有權威性的平面媒體，比建商與仲介的片面之詞要客觀、正義、有感情得多。

給年輕人的建議

在我們旅行東南亞的這段時間，你會發現東南亞這些國家的年輕人，沒有任何設限，很多人18歲、20歲就出來創業。

他們不一定都念過大學，可是都有一顆很認真上進的心，他們的學習態度很好，謙卑而有禮，台灣的年輕人在這裡，應該可以找到很多志同道合的創業家們！

台灣需要這樣的氛圍與環境，走出去與國際人才共同交流，沒有什麼是比你「親自體驗」更重要的！

東協的黃金十年來臨，我們不能只放眼在台灣，應該走進東協、了解東協。東協這些國家，有與我們相近的文化，我們在「時間差」還有一些優勢，如果可以整合這些資源，那麼你也可以發揮自己的一片天。

走出去認識更多的國際人，不要再把自己定位成某一個國的人，虛度生命。當世界的變化速度越來越快，我們要期許自己當一個「地球人」，跨國的互動、頻繁的接觸，會給你更多不一樣創業與創新的啟發。

本書即將步入尾聲，最後我鼓勵各位去旅行。

就像我透由旅行，看到各國的發展、各國房地產的興與衰、看到「時間差」一樣。

旅行可以讓你看見許多國家的趨勢；旅行可以讓你看到很多市場的機會；旅行可以讓你學到不同文化間做生意的智慧；旅行可以讓你知道你正處在什麼機會點上，該掌握或放棄什麼。真正的財富就是有能力體驗完整的人生！

如果你想跟我們一起去旅行，順便研究房地產，歡迎到我的團隊，一起用更高更遠的格局，掌握趨勢賺十年！

無論你是從「玩賺東協愛買屋」或是其他渠道接觸到我的團隊，歡迎你一起學習、一起研究房地產這個博大精深的領域。

你會愛上這種生活的！

誰不喜歡搭商務艙比經濟艙便宜呢？誰不喜歡把賺到的錢放到具有獨特賣點的蘋果物件裡呢？誰不喜歡與志同道合的人一起打拼呢？誰不喜歡多學習不一樣的知識呢？

期待，你能開始把房地產看成一門藝術。

期待，你能開始有一種全新的生活體驗，用全新的視角來看待這個世界。

期待，你能結識一群志同道合的夥伴，和你有同樣的價值觀，為同樣的目標努力、學習、犯錯、失敗、然後成長、一起執行「麥當勞致富計畫」！

祝福各位，玩賺東協！

圖8-5✿You should be here with us!

圖8-6✿You should being the best like them!

圖表資料參考索引

表1-28　馬來西亞房市規則 資料來源：國際貨幣組織
表1-29　印尼房市規則 資料來源：國際貨幣組織

圖2-1　台北市「舊區」西門町中華商圈"ShiMenTing"作者Original uploader was Richy at zh. wikipedia - Transferred from zh.wikipedia; transferred to Commons by Multivariable using CommonsHelper.。來自維基共享資源 - http://commons.wikimedia.org/wiki/File:ShiMenTing.jpg#/media/File:ShiMenTing.jpg根据CC BY-SA 3.0授權

圖2-2　台北市「新區」信義計畫區"Taipei from 101 building"作者EvgenyGenkin - 自己的作品。來自維基共享資源 - http://commons.wikimedia.org/wiki/File:Taipei_from_101_building.jpg#/media/File:Taipei_from_101_building.jpg根据公有領域授權

圖2-3　上海「舊區」浦西夜景"Shanghai Puxi Night" 由 Jakob Montrasio - originally posted to Flickr as 浦西 Puxi （上海 Shanghai）。使用來自 維基共享資源 - http://commons.wikimedia.org/wiki/Filc:Shanghai_Puxi_Night.jpg#/media/File:Shanghai_Puxi_Night.jpg 的知識共享署名 2.0 條款授權

圖2-4　上海「新區」浦東天際線"Shanghai Pudong Panorama Jan 2 2014"由 Yhz1221 - 自己的作品。使用來自 維基共享資源 - http://commons.wikimedia.org/wiki/File:Shanghai_Pudong_Panorama_Jan_2_2014.jpg#/media/File:Shanghai_Pudong_Panorama_Jan_2_2014.jpg 的 創用CC 姓名標示-相同方式分享 3.0 條款授權

圖2-5　首爾「新區」江南"Gangnam, Seoul, Korea"由 Duesride - 自己的作品。使用來自 維基共享資源 - http://commons.wikimedia.org/wiki/File:Gangnam,_Seoul,_Korea.jpg#/media/File:Gangnam,_Seoul,_Korea.jpg 的 創用CC 姓名標示-相同方式分享 3.0 條款授權

圖2-6　新加坡「舊區」牛車水"Gangnam, Seoul, Korea"由 Duesride - 自己的作品。使用來自 維基共享資源 - http://commons.wikimedia.

org/wiki/File:Gangnam,_Seoul,_Korea.jpg#/media/File:Gangnam,_
Seoul,_Korea.jpg 的 創用CC 姓名標示-相同方式分享 3.0 條款授權
圖2-7　新加坡「新區」濱海灣"1 Singapore skyline"由 chensiyuan -
chensiyuan。使用來自 維基共享資源 - http://commons.wikimedia.
org/wiki/File:1_Singapore_skyline.jpg#/media/File:1_Singapore_
skyline.jpg 的 創用CC 姓名標示-相同方式分享 3.0 條款授權
圖2-8　克拉地峽航線與馬六甲海峽航線"IndoChina1886"。使用來自
維基共享資源 - http://commons.wikimedia.org/wiki/File:Indo
China1886.jpg#/media/File:IndoChina1886.jpg 的 公共領域 條款授
權
圖2-9　馬六甲海峽"IndoChina1886"。使用來自 維基共享資源 -
http://commons.wikimedia.org/wiki/File:IndoChina1886.jpg#/
media/File:IndoChina1886.jpg 的 公共領域 條款授權

表3-1　2014年全球房地產透明指數。參考來源：2014年全球房地產
透明指數排行
表3-2　城市機會報告。參考來源：全球20大機會城市排行榜
表3-3　中國富人最愛的十大海外房市。參考來源：居外網
表3-4　亞洲基礎建設投資銀行會員國。參考來源：柬埔寨天空網
表3-5　亞投行、IMF、ADB比一比。參考來源：亞投行想挑戰　一
分鐘看懂IMF與亞銀
圖3-1　最適合退休的亞洲國家──馬來西亞"IndoChina1886"。使用
來自 維基共享資源 - http://commons.wikimedia.org/wiki/File:
IndoChina1886.jpg#/media/File:IndoChina1886.jpg 的公共領域條
款授權。

表4-1　大吉隆坡計畫。參考來源：國際經濟週報
表4-2　2004-2013馬來西亞房價走勢圖。參考來源：Banco Filipino
表4-3　大吉隆坡計畫四大建設

圖5-4 Putra Square Bonus Hoe

圖5-5 布城普特拉清真寺 Bonus Hoe

圖5-6 布城國際會議中心 Putrajaya International Convention Centre "Putrajaya International Convention Center" by I, Badangperkasa. Licensed under CC BY-SA 3.0 via Wikimedia Commons - http:// commons.wikimedia.org/wiki/File:Putrajaya_International_ Convention_Center.JPG#/media/File:Putrajaya_International_ Convention_Center.JPG

圖5-7 Obama to launch MaGIC in Cyberjaya on Sunday。資料來源：Malaymail online

圖5-8 Obama to launch MaGIC in Cyberjaya on Sunday。資料來源：NewStraitsTimes

圖5-9 隨處可見的賽城綠地"Cyberview Lodge" by Cmglee - Own work. Licensed under CC BY-SA 3.0 via Wikimedia Commons - http://commons.wikimedia.org/wiki/File:Cyberview_Lodge.jpg#/ media/File:Cyberview_Lodge.jpg

圖5-10 布城與賽城隔湖相望"Cyberjaya Lake Gardens panorama" by Cmglee - Own work. Licensed under CC BY-SA 3.0 via Wikimedia Commons - http://commons.wikimedia.org/wiki/File:Cyberjaya_ Lake_Gardens_panorama.jpg#/media/File:Cyberjaya_Lake_ Gardens_panorama.jpg

圖5-11 Cyberjaya日落美景"Sunset over Cyberjaya（April 3, 2010）" by notsogoodphotography - http://www.flickr.com/photos/n otsogoodphotography/4485912339/. Licensed under CC BY 2.0 via Wikimedia Commons - http://commons.wikimedia.org/wiki/ File:Sunset_over_Cyberjaya_（April_3,_2010）.jpg#/media/ File:Sunset_over_Cyberjaya_（April_3,_2010）.jpg

表5-2 賽城基本資料

圖5-12 賽城多媒體大學"CYBER" by Dunhill1410 - Own work.

Licensed under Public Domain via Wikimedia Commons - http://
commons.wikimedia.org/wiki/File:CYBER.jpg#/media/
File:CYBER.jpg

圖5-13 吉隆坡KLCCBonus Hoe

表5-3 依斯干達風險控管列表

圖5-14 馬來西亞地圖。Google earth

表5-4 每平方價格（美元計）資料來源：玩賺東協愛買屋——阿里花
花& 全球房地產指南統計

表5-5 亞洲租金投報率 資料來源：玩賺東協愛買屋——阿里花花& 全
球房地產指南統計

表5-6 房價/人均所得比 資料來源：玩賺東協愛買屋——阿里花花& 全
球房地產指南統計

圖6-1 新加坡夜景"Singapore Skyline Panorama"由 Somefor-
mofhuman - 自己的作品。使用來自 維基共享資源 - http://commons.
wikimedia.org/wiki/File:Singapore_Skyline_Panorama.jpg#/media/
File:Singapore_Skyline_Panorama.jpg 的 創用CC 姓名標示-相同方
式分享 3.0 條款授權

圖6-2 新加坡濱海灣天際線"1 Singapore skyline"由 chensiyuan -
chensiyuan。使用來自 維基共享資源 - http://commons.wikimedia.
org/wiki/File:1_Singapore_skyline.jpg#/media/File:1_Singapore_
skyline.jpg 的 創用CC 姓名標示-相同方式分享 3.0 條款授權

圖 6-3 http://www.kumailplus.com/wp-content/uploads/yapb_cache/t
ransparency.9yt8tgmc8m0ccg4kswococgs0.9p8cjftqyww0k0w40c8
gsk8ss.th.jpeg

圖7-1 柬埔寨農村生活"Kraing Tbong VB 01 06 6"由 Brett epic at
en.wikipedia。使用來自 維基共享資源 - http://commons.wikimedia.
org/wiki/File:Kraing_Tbong_VB_01_06_6.JPG#/media/File:

Kraing_Tbong_VB_01_06_6.JPG 的 知識共享 署名 2.5 條款授權

圖7-2 柬埔寨的投資九大優勢。資料來源：雙城建設

圖7-3 泛亞鐵路東南亞走廊。資料來源：雙城建設

圖7-4 東南亞各國經濟成長率。資料來源：雙城建設

圖7-5 柬埔寨人口分布。資料來源：雙城建設

圖7-6 亞洲首都房價比較。資料來源：雙城建設

圖7-7 柬埔寨之投資報酬率。資料來源：雙城建設

圖7-8 台灣銀行進駐柬埔寨。資料來源：雙城建設

圖7-9 金邊舊城區"Phnom Penh houses"由 Dara - 自己的作品。使用來自 維基共享資源 - http://commons.wikimedia.org/wiki/File:Phnom_Penh_houses.jpg#/media/File:Phnom_Penh_houses.jpg 的 創用CC 姓名標示-相同方式分享 3.0 條款授權

圖7-10 金邊商業區"Phnom Penh."由 Milei.vencel, Hungary - 自己的作品。使用來自 維基共享資源 - http://commons.wikimedia.org/wiki/File:Phnom_Penh..JPG#/media/File:Phnom_Penh..JPG 的 創用CC 姓名標示-相同方式分享 3.0 條款授權

圖7-11 西哈努克港"Scenic Koh Rong Sanloem Saracen Bay panorama" by Wikirictor - shot photoPreviously published: none. Licensed under CC BY-SA 3.0 via Wikipedia - http://en.wikipedia.org/wiki/File:Scenic_Koh_Rong_Sanloem_Saracen_Bay_panorama.jpg#/media/File:Scenic_Koh_Rong_Sanloem_Saracen_Bay_panorama.jpg

圖7-12柬埔寨皇宮前雙城建設 Kevin

表7-1大馬與柬埔寨買屋比較表　資料來源：《商業週刊》1430期p.45

表7-2大馬與柬埔寨賣屋比較表　資料來源：《商業週刊》1430期p.45

表7-3大馬與柬埔寨養屋比較表　資料來源：《商業週刊》1430期p.45

表7-4大馬與柬埔寨成本比較表　資料來源：《商業週刊》1430期p.45

表7-5柬埔寨潛在風險列表　資料來源：《商業週刊》1430期p.45

公眾演說班

Speech 讓你的影響力 與收入翻倍！

✅ 你想領導群眾，贏得敬重、改變世界嗎？

✅ 你想要在你的領域成為專家，創造知名度，開啟現金流嗎？

✅ 你想將成交量與成交率提升至原來的 200% 以上嗎？

✅ 你想學會有力的公眾演說技巧，快速達成心中所想的目標嗎？

　　王擎天博士是北大 TTT（Training the Trainers to Train）的首席認證講師，其主持的**公眾演說班**，理論＋實戰並重，**教您怎麼開口講，更教您如何上台不怯場，保證上台演說＆學會銷講絕學！本課程注重一對一個別指導**，所以必須採小班制．限額招生，三天兩夜（含食宿）魔鬼特訓課程，把您當成世界級講師來培訓，讓你完全脫胎換骨成為一名超級演說家，並可成為亞洲或全球八大明師大會的講師，晉級 A 咖中的 A 咖！

學會公眾演說，你將能——
倍增收入，提高自信，
發揮更大的影響力，改變你的人生！

詳情請上新絲路網路書店 www.silkbook.com 或電洽 (02)8245-8318

東協購屋指南考察

你對房地產有興趣嗎？
你真的知道下一個「信義計畫區」在哪裡嗎？
如果有一個人，投資房地產的「年資」可能比你的年齡還多，
你會用自己的方式來投資？還是用他的方式來投資？

關於黃禎祥老師：

- 住商不動產第一代店東！
- 曾用1000元台幣，在台北買一間房！
- 買賣房地產超過1000間，35年深厚功力！
- 曾創下一週營業額四億台幣的房地產銷售紀錄！
- 曾在一個月內，協助超過20名學員買到超值蘋果物件！
- 曾在信義區、濱海灣、聖淘沙、吉隆坡置產，倍增財富！

報名連結：http://goo.gl/Ffbhv0

嗨囉！各位房地產的同好，我們是一群來自台灣的老師、醫生、科技人、中小企業主及媒體記者。

我們觀察到東協正在進行各種重大經濟建設，也嗅到了潛在商機。現在的東協就像5~10年前的上海、台北、香港，正處在財富大翻轉的黃金十年。

在黃禎祥老師的指導下，我們親自到東協走過、看過，包括全球百大企業紛紛進場的大吉隆坡Cyberjaya，我們也掌握趨勢，在東協置產。

因為我們共同的興趣就是投資，於是成立了房地產部落格，在部落格分享東協房產知識及買房經驗等，而且定期舉辦分享會和考察團。

因為我們相信，團結一致才能在東協創造更大的投資機會！

如果你也想玩賺東協、買自己真心喜歡的房子，歡迎加入我們的行列喔！

部落格網址：http://imywoo.com/

歡迎聯繫交流：Service@imywoo.com

愛買屋 東協房地產部落格

imywoo

每日成資　跟緊巨人

成資國際股份有限公司

"牛頓說，我看得比別人多一點，因為我站在巨人肩膀上看世界，站在別人的肩膀沒什麼不對。"

—華倫·巴菲特

你知道嗎？
巴菲特先生有導師，
這世上許多白手起家的富豪與企業家，都有導師！
好的導師與貴人，能提供好的環境、能適時修正你、
願意耐心等待你成長！
因為導師們知道：萬丈高樓地基起，成功決不是一蹴可幾的！
這世上，之所以有人會因為一場演講改變命運，
是因為他們懂得跟緊巨人，
學習已經被證明成功有效的方法！
重點是，
當巨人願意蹲下身軀時，
你願意爬上巨人的肩膀嗎？

Yes！我願意！

成資國際粉絲團
http://fb.me/yesooyes.me

每日成資
http://goo.gl/0cRxff

生命是一段不斷探索美好事物的旅程
Life is a journey to explore the beauties

黃總經理與許多國際大師合作

半個世紀前，有一群牧師，傳道人把聖經的智慧結合商場實戰經驗，成立了一個龐大卻神秘的組織─Worldwide Dream Builders(以下簡稱：WWDB642)

為了服務組織內部廣大會員，WWDB642成立了自己的餐廳，讓廣大會員到處可以用餐；因為賺了很多錢，所以WWDB642成立了自己的銀行和保險公司；為了讓廣大的會員開車可以到處加油，他們成立了自己的加油站；為了讓廣大會員可以環遊世界，WWDB642擁有許多私人飛機、買下許多無人島……。

這個組織以教育訓練為基礎，造就了無數百萬富翁，會員超過60萬人，包括《富爸爸，窮爸爸》作者─羅伯特·清崎；潛能激勵大師─安東尼·羅賓；《有錢人想的跟你不一樣》─哈福·艾克；華人知識經濟教父─黃禎祥(Aaron Huang)；WV首席教育長─馬克。

黃禎祥笑著說：「WWDB642的老師們說：『全世界最會做組織的，是耶穌基督。因為他收了12個門徒，現在全世界有1/3的人成為基督徒。』所以他們也拿聖經的智慧建立一套系統，用來協助直銷公司組織倍增，後來這套系統就成為大家聽過的『美國642』。不過『WWDB642』真正的核心，是教育訓練，因為這套系統也適用在傳統企業。」

WV首席教育長-Marc與黃禎祥總經理

時報周刊報導，黃禎祥總經理如何在三個月開創4000個客戶

黃禎祥表示，他自己也是靠著這套系統，一年內從一個人創造一萬人團隊，從谷底翻身退休，如新的王X明、及新加坡的何X坤、馬老師，也受惠於這套系統，因而在自己的領域擁有極高收入。

「不過2015年的趨勢已經變了，一是移動互聯網與跨界競爭的趨勢、二是旅遊與休閒娛樂的趨勢。在移動互聯網方面，馬雲、馬化騰、臉書、Airbnb等給我們很好的示範；而WV則結合了兩者，該公司的首席教育長─馬克，也是我的師叔，我們在A View, Life Will Never Be The Same 6000人大型訓練課程相認。」

一談到與師叔馬克相認的過程，黃禎祥眼眶泛紅，「我們都很謝謝『WWDB642』，只有親身經歷這種翻轉命運過程的人，才知道錯過的人損失有多大！『WWDB642』的老師們無私奉獻他們的智慧，該是薪火相傳的時候了！」

至於選才的標準呢？黃禎祥堅定地說：「最重要的是態度、決心、還有核心價值觀！這是一條偉大的航道！」

有興趣、有熱情、有決心的，歡迎加入我們篩選的行列！
報名專線：0955 343 103

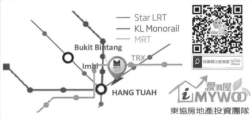

住商不動產
高雄R14捷運加盟店

遠見天下不動產股份有限公司，用住商經營理念，以「專業誠信、立業以德」為中心思想，希望為消費者提供優質的服務，並塑造不動產經紀業最優質的典範。

我們的簡介，位於高雄博愛二路640號近新莊仔路漢神巨蛋正對面，距離瑞豐夜市5分鐘，凹仔底森林公園、愛河之心、濕地公園10分鐘，近捷運R14巨蛋站及裕誠路商圈，還有自由黃昏市場以及明誠、裕誠的河堤商圈。是北高雄人口密集之精華地區。

我們的服務，本店位於漢神巨蛋對面，擁有多位服務超優之百萬經紀人，歡迎來店指導。
服務項目包括：1、不動產買賣、租賃　2、不動產專業諮詢服務　3、最新房市資訊　4、電腦物件查詢
5、免費房價諮詢　6、買賣價金履約保證及房屋交易安全制度　7、專業代書作業　8、代辦購屋貸款
9、房屋產權確認　10、免費稅費計算...等多項業務。服務電話：07-558779

我們的交通，高雄市博愛二路是貫穿北高雄、南高雄之主要道路。
* 高雄捷運紅線R14巨蛋站3號出口
* 高雄市公車301號，環狀168路至漢神巨蛋站或3、16、91、紅36路至捷運巨蛋站。
* 國道10號(左營端方向)-->自由路出口-->大中二路-->左轉博愛二路。

- ● 規規矩矩
- ● 穩健踏實
- ● 不偏不倚
- ● 交易公開

- ● 服務完美
- ● 才有客戶
- ● 專業人才
- ● 運籌帷幄

遠見天下不動產股份有限公司

官網：http://www.hbhousing.com.tw/web/D177/

電話：**07-5887799**

地址：高雄市左營區博愛二路640號

感謝您的支持，期待您的加入！

國家圖書館出版品預行編目資料

東協購屋指南 / 黃禎祥 著. -- 初版. -- 新北市：創見
文化, 2015.07　面；公分　(優智庫；55)

ISBN 978-986-271-613-7 (半裝)

1.不動產業　　2.投資

554.89　　　　　　　　　　　104009038

創見文化 · 智慧的銳眼

東協購屋指南
——掌握趨勢，賺十年

作　　者▶黃禎祥
總 編 輯▶歐綾纖
文字編輯▶蔡靜怡
美術設計▶蔡億盈

郵撥帳號▶50017206 采舍國際有限公司（郵撥購買，請另付一成郵資）
台灣出版中心▶新北市中和區中山路2段366巷10號10樓
電　　話▶（02）2248-7896　　　　　傳　　真▶（02）2248-7758
I S B N▶978-986-271-613-7
出版日期▶2015年7月

全球華文市場總代理 ▶采舍國際有限公司
地　　址▶新北市中和區中山路2段366巷10號3樓
電　　話▶（02）8245-8786　　　　　傳　　真▶（02）8245-8718

新絲路網路書店
地　　址▶新北市中和區中山路2段366巷10號10樓
電　　話▶（02）8245-9896
網　　址▶www.silkbook.com

創見文化 facebook https://www.facebook.com/successbooks

線上總代理 ■ 全球華文聯合出版平台　www.book4u.com.tw
主題討論區 ■ http://www.silkbook.com/bookclub　　　新絲路讀書會
紙本書平台 ■ http://www.silkbook.com　　　　　　　新絲路網路書店
電子書平台 ■ http://www.book4u.com.tw　　　　　　華文電子書中心